JOHANNES HÖSLE

UND WAS WIRD JETZT?

JOHANNES HÖSLE

UND WAS WIRD JETZT?

GESCHICHTE EINER
JUGEND

VERLAG C.H. BECK

ISBN 3 406 48799 8
© Verlag C. H. Beck oHG, München 2002
www.beck.de
Gesamtherstellung: fgb · freiburger graphische betriebe
Gedruckt auf säurefreiem, alterungsbeständigem Papier
(hergestellt aus chlorfrei gebleichtem Zellstoff)
Printed in Germany

Inhalt

Wann wir mit dem Tode ringen	7
Bücher	27
Kriegsjahre: Wehrertüchtigung, Heimatflak, Volkssturm	43
Umsturz: Berufe und Berufungen	63
Ehingen	92
Rottenburg	130
Tübingen I	142
Reise nach Frankreich	164
Tübingen II	184
Ravensburg, Rottenburg, Biberach	191
Niort	210

Wann wir mit dem Tode ringen

Am Morgen, wenn wir aufgestanden waren, brauchten wir uns nur anzusehen, um gleich zu wissen, wie schlimm uns der Tod des Vaters alle getroffen hatte. In der Werkstatt war sein grüner Schurz immer noch an dem Haken, an den er ihn gehängt hatte, als er sich auf einmal unwohl gefühlt und gesagt hatte, für heute müsse es trotz der vielen Arbeit genug sein. Auch seinen Schusterrappen, auf den sich lange niemand setzen wollte, mochte keiner anfassen, um ihn wegzustellen, am allerwenigsten Josef. Seine Lehrzeit beim Vater hatte durch dessen Magengeschwür, von dem niemand etwas gewußt und geahnt hatte, nun ein jähes Ende gefunden. Die auf der Werkbank liegenden oder dort hängenden Hämmer, Zangen, Kneipe und Ahlen, die sie gemeinsam benutzt hatten, wollte er zuerst kaum anrühren, weil er auf ihnen immer noch die Wärme der Hand des so unerwartet Verstorbenen zu spüren glaubte. Jetzt fehlte sein Rat bei der Reparatur der vielen herumliegenden Schuhe an allen Ecken und Enden.

Nach jeder Beerdigung im Dorf, sobald die Leute anfingen, sich auf dem Gottesacker zu verlaufen, gingen meine Mutter, die Geschwister und ich, manchmal auch getrennt, zu den Gräbern der Großeltern oder zu denen noch nicht lange verstorbener guter Bekannter, um dort ein kurzes Gebet zu sprechen. Anschließend aber trafen wir uns immer an dem Grab des Vaters, auf dem der Steinhauer Weckemann ein weißes Marmorkreuz und links und rechts davon zwei rechteckige weiße Marmorsteine aufgerichtet hatte. Auf einem von ihnen stand der Name des

Vaters. Der andere war für seine Witwe vorgesehen. Die Mutter und die Schwestern bepflanzten das Grab mit Grün und Blumen, und jeden Samstag säuberten sie es von den von den Bäumen des nahen Waldes heruntergefallenen Tannenzapfen und welken Blüten. Wir schauten bei unseren Besuchen immer eine Weile still, in frommen Gedanken versunken und betend, auf den Boden oder den Schnee zu unseren Füßen, bis die Mutter sich endlich zu dem Tannenzweig in dem ebenfalls in weißen Marmor gehauenen Weihwasserbehälter hinabbückte, um, wie schon beim Kommen, vor dem Weggehen ein Stoßgebet murmelnd, das Grab noch einmal zu segnen. Sie gab dann dem ihrer Kinder, das am nächsten stand, den noch einmal angefeuchteten Tannenzweig in die Hand und wartete und achtete darauf, daß alle, die mit ihr gekommen oder zu ihr gestoßen waren, mit der kleinen Zeremonie fertig waren, bevor wir alle gemeinsam aufbrachen.

An einem kalten und windigen Tag lief ich einmal nach einer Beerdigung gleich nach Hause, weil ich nasse und durchfrorene Füße hatte. Als die Mutter eine Weile später mit Maria heimkam und mich dort auf einem Stuhl hockend mit gegen die Kacheln des warmen Ofens in der Werkstatt angestemmten Füßen vorfand, brach sie ganz gegen ihre sonstige Art in lautes Schluchzen und Weinen aus: Jetzt sehe sie, daß man sich nicht einmal auf die eigenen Kinder verlassen könne und daher wohl gut daran tue, soviel wie möglich für sein eigenes Seelenheil zu beten, solange man noch am Leben sei. Da sie mit ihren Vorwürfen und Anklagen gar nicht mehr aufhören wollte, fiel ihr Maria schließlich ins Wort: Das müsse sie nun doch einmal sagen, sie könne sich gar nicht vorstellen, daß unser Vater nicht schon längst beim Lieben Gott sei. Einen besseren Vater als ihn hätte man sich doch gar nicht vorstellen können. Da stimmte ihr die Mutter unter Tränen zu, und am Ende freuten wir uns alle trotz unseres Kummers. Die Mutter, weil sie einen so guten Mann, und wir, weil wir einen so guten Vater gehabt hatten, der jetzt ganz bestimmt schon lange im Himmel war.

Von Tag zu Tag merkte man deutlicher, was es hieß, daß nun Krieg war. Auf einmal gab es im Dorf fast nur noch Frauen, alte Männer und Kinder. Zuerst hatte es ja so ausgesehen, als brauche man in die Länder, die man erobern wollte, nur einzumarschieren. Wie viele andere, die als Soldaten im Weltkrieg gewesen waren, hatte sich auch mein Vater wenige Monate vor seinem Tod noch darüber gewundert, daß es menschenmöglich war, einen großen Teil Frankreichs und Paris in so kurzer Zeit zu besetzen. Hatte er doch ein Vierteljahrhundert zuvor monatelang mit einer Gasmaske vor dem Gesicht im Maschinengewehr- und Artilleriefeuer nicht weit von Verdun zwischen Toten und Verwundeten im Schützengraben im Dreck gelegen, ohne daß sich die Front bewegt hatte, bis er – Gott sei Lob und Dank! – bei der Tankschlacht von Cambrai von den Engländern gefangengenommen und danach von ihnen nach Calais zum Beladen und Entladen ihrer Schiffe gebracht wurde. Dort war er wenigstens aus dem Schlimmsten heraus.

Mein Vater hatte aber auch noch erlebt, wie die ersten aus dem Dorf fielen: der immer zu Streichen aufgelegte Junggeselle Ludwig Vogt, der nie gefehlt hatte, wenn irgendwo etwas angestellt worden war, immer mit seinen Freunden auf einem Motorrad mit Beiwagen im Dorf herumgekurvt war und, Gas gebend, scharf bremsend und wild hupend, die dann hinter ihm Herschimpfenden erschreckt hatte. Bald danach traf es den Schloßherrn Johannes von Kienlin, der bei den Fliegern war und nun eine junge Frau mit drei kleinen Kindern hinterließ. Allmählich merkten auch diejenigen, die es zuerst nicht glauben wollten, daß die im Radio mit Fanfarenstößen angekündigten und von einer schneidigen Stimme verlesenen Sondermeldungen über von deutschen Truppen besetzte Städte und von deutschen U-Booten versenkte Schiffe noch lange nicht das baldige Ende des Kriegs bedeuteten. Manchmal kam der Pfarrer Angele bei uns vorbei, um sich mit uns zu unterhalten und dabei auch die neuesten Nachrichten vom Schweizer Radio Beromünster zu erfahren, die Josef kurz zuvor an unserem Volksempfänger abgehört hatte. Jetzt gehe es darum, mahnte er uns, klug zu sein wie die Schlangen und einfältig wie die Tauben, um so mehr, da der Krieg gewiß noch lange dauern werde. Als die Deutschen aber gar in Rußland einmarschierten, die Japaner die Amerikaner angriffen und schließlich auch noch von unserer Regierung den Amerikanern der Krieg erklärt wurde, freute sich der Pfarrer und erklärte uns, dies alles sei der Anfang vom Ende Hitlers. Er wisse aus der Geschichte, wie das mit Herrschern und Tyrannen sei, die nicht Maß zu halten wüßten.

Schon bald kamen die ersten Todesnachrichten von der russischen Front. Sehr früh traf es dort den Postmeister Jakober, den ich gerne gemocht hatte, weil er immer recht lustig gewesen war, wenn ich bei ihm die Pakete abgeholt hatte, damit wir die zwanzig Pfennig Zustellgebühr pro Stück nicht zu bezahlen brauchten. Anderenfalls hätte sie der auch im Winter unter all den an Riemen von ihm herabhängenden oder von Hand getragenen Paketen und Päckchen schwitzende Briefträger Zweifel zu uns ins Haus bringen müssen. Weil Jakober ein höherer Offizier gewesen war, wurde an einem Hang am Herrenmühler Weg eine Heldenfeier für ihn veranstaltet, mit viel uniformierten Parteimitgliedern, Hitlerjugend und einer mit Hakenkreuzfahnen ausgeschlagenen Rednertribüne. Ein Parteibonze von auswärts schrie von dort herunter, soeben hätten die deutschen Truppen Smolensk erobert, und in acht oder vierzehn Tagen werde die Hakenkreuzfahne auch vom Kreml in Moskau wehen. Die Witwe des Postmeisters stand daneben und weinte. Man sah ihr an, daß es ihr lieber gewesen wäre, wenn Smolensk nie erobert worden wäre, und daß es ihr ganz gleichgültig war, ob die Hakenkreuzfahne vom Kreml in Moskau wehen würde oder nicht.

Das Denkmal, das die Gemeinde nach dem Ersten Weltkrieg für ihre Gefallenen gleich neben der Kirche im Freien hatte errichten lassen, hatte nichts aufdringlich Kriegerisches. Ein wie eine geknickte Blume sehr stilvoll zusammengebrochener und auf dem Boden sitzender Soldat mit gebeugtem helmbedecktem Kopf wurde von dem zu ihm mit einem breiten Umhang und ausgebreiteten Armen getretenen Christus getröstet. Schöner konnte man sich Sterben gar nicht vorstellen. Man griff sich einfach an die von einer Kugel getroffene Brust, und schon wurde man von Jesus heimgeholt. Am Kriegerdenkmal sprach der Pfarrer nach der Seelenmesse noch einige Gebete, wenn wieder einer von Erolzheim, von Edelbeuren, von Bechtenrot oder von Edenbachen gefallen war. Auswärtige Parteibonzen in Goldfasanenuniform, die große Reden hielten und von Endsieg und Schicksalskampf des deutschen Volkes schwadronierten, ließen sich jetzt keine mehr blicken. Die Todesanzeigen in der Zeitung zeigten einem, ob die Angehörigen eines Gefallenen Nazis waren. In diesem Fall stand, bevor hinter einem Doppelpunkt ihre Namen aufgezählt wurden: «In stolzer Trauer». Bei den Erolzheimern hieß es meistens «In christlicher Trauer».

Falls ich nicht in Memmingen in der Schule war, begleitete ich im Chorhemd, das Rauchfaß mit den glühenden Holzkohlen schwenkend, den Pfarrer, der im schwarzen silberdurchwirkten Meßgewand und schwarzer silberdurchwirkter Stola aus der Kirche ins Freie trat und die wenigen Schritte bis zum Kriegerdenkmal ging. In der Sakristei flehte uns zuvor der Mesmer Schöb in der Regel an, weniger Weihrauchkörner zu benutzen als beim letzten Mal, wisse er doch nicht, wie lange bei all den Toten sein Vorrat noch reichen werde, und schon gar nicht, wo er neue Weihrauchkörner herbekommen solle. Mehr als ein dünner Rauch stieg also nicht aus meinem Faß, während die trauernden Angehörigen, Nachbarn und Freunde des Gefallenen weinend oder wie versteinert ihre Gebete murmelten. Der spärliche Weihrauch kräuselte sich über den am Kriegerdenkmal bei eisigem Wind und Schneegestöber oder in lauer Luft und bei Vogelgezwitscher um den Pfarrer Gruppierten. Der alte Zeiler, der vor dem Krieg bei den Fronleichnamsprozessionen jedesmal die Böller geschossen hatte, wenn der Pfarrer an einem der auf Straßen und Plätzen errichteten vier Altäre den Segen spendete, blies mit einer Trompete zum Schluß der kurzen Andacht das Lied vom Guten Kameraden, «einen bessern findst du nit», und danach noch das andere vom Morgenrot, «leuchtest mir zum frühen Tod». Man mußte schon froh sein, wenn er dabei nicht an der schönsten Stelle, beim «Bald wird die Trompete blasen», einen Hustenanfall bekam. Da hätte man dann für einen Augenblick eher gegen das Lachen statt gegen das Schluchzen ankämpfen müssen.

Schon wenige Tage nach dem Requiem für den Gefallenen wurde beim Kriegerdenkmal ein Birkenkreuz für den Toten aufgestellt, an dem ein ovales Täfelchen festgemacht worden war, auf dem mit schwarzer Farbe und in sorgfältig geschwungener Schrift der Name und das Geburts- und Sterbejahr des Toten gemalt worden waren. Bald gab es aber neben den Gefallenen auch mehr und mehr Vermißte, auf deren Heimkehr zwar kaum noch jemand im Ernst zu hoffen wagte, deren Namen aber noch nirgendwo standen.

Auf einmal traten wieder Krankheiten auf, die man zwar vom Hörensagen kannte, die aber im Dorf schon lange niemand mehr gehabt hatte. Besonders arg war es, wenn sie ansteckend waren, wie die Maul- und Klauenseuche beim Vieh, die noch vor dem Krieg ausgebrochen war, so daß die Kühe in den Ställen bei Tag und bei Nacht laut brüllten, verzweifelt an ihren Ketten zerrten und bei manchen Bauern elend verreckten oder geschlachtet werden mußten. Wenn die Kühe am Leben blieben, mußte man ihre Milch so lange wegschütten, bis das Bürgermeisteramt erlaubte, das an der Stalltür angebrachte Schild «Maul- und Klauenseuche» abzuhängen und die ätzenden Desinfektionsmittel, die man überall, mit Sägemehl vermischt, vor den Schwellen in Haus und Hof ausgestreut hatte, wieder wegzukehren.

Als meine Mutter 1942 Gelenkrheumatismus bekam und nicht mehr wußte, wie sie gehen und stehen und sich im Bett hinlegen sollte, weil sie es vor lauter Schmerzen kaum noch aushielt, war das zum Glück keine ansteckende Krankheit. Man brauchte nicht zu befürchten, sie würde uns alle befallen, aber oft sagte sie später, der Gelenkrheumatismus sei schrecklicher gewesen als ihre Blinddarmoperation, ihre drei Kropfoperationen und der Kaiserschnitt bei der Geburt von Klara zusammengenommen. Vielleicht habe sie als besondere Gnade alles lebend überstanden, weil ihr der Pfarrer, als sie nicht mehr aus noch ein wußte, auf ihren Wunsch die letzte Ölung gespendet habe.

Als ob der Gelenkrheumatismus meiner Mutter nicht gereicht hätte, steckte mich Benedikt, ein kerngesunder Banknachbar in der Schule in Memmingen, der täglich aus der Gegend von Ottobeuren anreiste, mit der Diphterie an. Bis jetzt war in Erolzheim noch niemand daran erkrankt, aber eine Schwester von Benedikt war kurz zuvor daran gestorben. Er hatte mir nach ihrer Beerdigung ausführlich erzählt, was für entsetzliche Halsschmerzen sie gehabt habe und wie sie nach ein paar Tagen schließlich erstickt sei. Als ich auf einmal selber nicht mehr schlucken konnte, weil mir der Hals über Nacht fast zugeschwollen war, das Fieber mich schüttelte und hoch und höher stieg, da wußte ich, daß ich die gleiche Krankheit hatte und daher vielleicht bald wie die Schwester Benedikts sterben würde. Der von Ochsenhausen herbeigerufene Arzt Dr. Leibfried sagte, sobald er in meinen Hals gesehen hatte, er werde gleich einen Krankenwagen schicken, anderenfalls müßten das Geschäft und die Werkstatt geschlossen werden. Als mich die Pfleger kurze Zeit danach die Treppe zum Wendelinusweg bis zu ihrem Fahrzeug hinunterbegleitet hatten und dort auf die Pritsche legten, stand meine Mutter am Fenster ihres Schlafzimmers und wischte sich die Tränen aus den Augen. Sie dachte bestimmt an meinen Vater, den man zwei Jahre vorher auch mit einem Sanitätsauto auf den Tod krank abgeholt und dann ein paar Tage später wieder in einem Leichenwagen nach Erolzheim zurückgebracht hatte. Fräulein Anna, die von dem Treppenabsatz vor der Türe zu ihrem Haus aus alles beobachtete, rief laut zu mir herunter, sie werde bei der Muttergottes für mich beten. Ich erschrak nicht wenig, denn das hatte sie in meiner Gesellschaft auf dem Kapellenberg schon für meinen Vater getan. Zwei Tage danach war er dann doch gestorben.

Eine halbe Stunde später lag ich mit einem etwas älteren und kräftigen Jungen in Ochsenhausen in einem schmalen Krankenzimmer, vor dessen Fenster ständig ein wütender Kettenhund bellte. Mein Bettnachbar erklärte mir, obwohl ich ganz benommen war und kaum reagierte, er dürfe bald nach Hause, weil die Abstriche vom Hals, die man bei den Diphteriekranken jede Woche einmal nehme und dann zur Untersuchung nach Tübingen schicke, bei ihm schon zweimal negativ gewesen seien. Er brauche jetzt nur noch das Ergebnis des dritten und letzten abzuwarten, dann komme er hier endlich wieder heraus. Ich wunderte mich ein wenig, daß es positiv für einen sein konnte, wenn etwas anderes negativ war. Man brauche nur ein paar Wochen in dem Zimmer hier zu liegen wie er, erklärte er mir, dann merke man erst richtig, daß es hier nach Leichen stinke, nach all denen, die hier elend krepiert seien. In Ochsenhausen kenne jeder dieses Zimmer, in das man bis vor kurzem, das wisse er ganz genau, immer die Kranken gebracht habe, für die es nichts mehr zu hoffen gab. Erst als die Diphterie ausgebrochen sei, habe man die Patienten mit der ansteckenden Krankheit hierherverlegt.

Während ich allerhand über positive und negative Abstriche, über Sterbezimmer und über das Krepieren erfuhr, hörte man über uns auf einmal sanfte Harmoniumklänge und betende Stimmen. Jetzt komme das Schönste, maulte der unsympathische Kerl weiter. Das seien die Schwestern, die dort oben in der Hauskapelle jeden Tag ihre Andachten hielten und uns, da könne er Gift drauf nehmen, als Eiapopeia gleich auch noch ihren Lieblingsschlager vorsingen würden. In der Tat präludierte das Harmonium bereits zu einem Lied, das auch ich kannte, das mir aber noch nie so durch Mark und Bein gegangen war wie jetzt: «Wann wir mit dem Tode ringen, / Wollst Maria uns beispringen, / Daß wir selig scheiden hin, / Jungfrau, Mutter, Königin». Das sei doch nicht auszuhalten, schimpfte mein Bettnachbar, da liege man im Sterbezimmer, und die machten auch noch die passende Musik dazu. Statt uns hier fromme Lieder vorzuspielen, sollten uns die Schwestern lieber etwas Anständiges zum Fressen geben. Meistens hätten sie nicht einmal Brot für die Kranken, dann gebe es schon zum Frühstück Kartoffeln. Ich solle froh sein, daß ich noch gar nicht schlucken könne, denn da müsse ich ihre Leckerbissen sowieso nicht anrühren. Er habe es bei dem frommen Gewinsel von morgens früh bis abends spät überhaupt nur ausgehalten, weil ihm seine Mutter etwas gegen seinen Riesenkohldampf und einige seiner Salgaris mitgebracht habe. Salgaris? Das wundere ihn nicht, daß einer, der von Erolzheim komme, nicht wisse, wer Salgari und Sandokan seien. Über die könne eben auch nicht jeder Dummkopf wie über Karl May und Old Shatterhand mitreden. Aber vielleicht habe man in meinem Kaff nicht einmal von ihnen etwas gehört. Das wäre gar nicht weiter schlimm, denn wenn man Salgari und Sandokan gelesen habe, dann könnten einem Karl May und Old Shatterhand sowieso gestohlen bleiben. «Gib uns Frieden, gib uns Ruh, / führ uns deinem Sohne zu», klang es von oben herunter. Ob ich jetzt endlich kapiert hätte, daß er von dem Laden hier die Schnauze voll habe? Er warte auf nichts anderes, als sobald wie möglich wieder den rassigen Mädchen vom Reichsarbeitsdienst nachzusteigen, die alle miteinander an der Biberacherstraße untergebracht seien und von denen er bereits etliche herumgekriegt habe.

Während das Großmaul schon bald nach Hause geschickt wurde, weil hintereinander drei Abstriche negativ gewesen waren, blieben sie bei mir erst einmal positiv.

Mein Bruder Josef und meine Schwester Else besuchten mich abwechselnd mit dem Fahrrad. Die Mutter konnte wegen ihres Gelenkrheumatismus noch nicht aus dem Haus, und Maria war, nachdem sie den Reichsarbeitsdienst hinter sich gebracht hatte, nach wenigen Monaten verpflichtet worden, in Ulm als Hausgehilfin zu arbeiten, sollte aber wegen ständiger Beschwerden bald in Hindelang an der Schilddrüse operiert werden.

Wenn eines von meinen Geschwistern abwechslungsweise mit dem Fahrrad auf Besuch kam, mußte er oder sie wegen der Ansteckungsgefahr vor der Zimmertür stehen bleiben oder sich dort auf einen hinausgestellten Stuhl setzen. Josef, der gerade achtzehn geworden war und nun jeden Tag mit dem Stellungsbefehl rechnen mußte, wäre froh gewesen, wenn auch er Diphtherie bekommen hätte. Einmal erzählte er mir, nachdem er sich umgesehen hatte, um sicher zu sein, daß ihm niemand zuhöre, die Amerikaner seien in Afrika gelandet und die Deutschen seien in Stalingrad in einem Kessel eingezingelt.

Obwohl das Krankenhaus bis zum Brechen überfüllt war, durfte ich als ansteckend Kranker nicht nach Hause. Das Zimmer, in dem ich noch einige Zeit mit einem etwa Gleichaltrigen lag, wurde aber, nachdem der Salgari-Leser heimgeschickt worden war, anderweitig gebraucht. Während der Nacht wurde ich in ein anderes verlegt, doch in aller Herrgottsfrühe hatte ich daraus wieder zu verschwinden, weil eine Schwester dort ihre Nähmaschine stehen hatte, auf der sie Bettlaken und anderes Weißzeug zusammenflickte. Sie erklärte mir, ich könne nicht bei ihr herumliegen, weil ich sie in dem engen Raum bei ihrer Arbeit stören würde, und müsse daher, sobald die Nacht vorbei sei, in die Isolierstation zu den drei diphtheriekranken Frauen gehen.

17

Die eine von ihnen war sehr anstrengend. Hundertmal am Tag jammerte sie, es schreie zum Himmel, daß ihre zehnjährige Tochter, die im Bett neben ihr liege, sie auf ihre alten Tage noch mit dieser Krankheit für Kinder angesteckt habe. In einem dritten Bett lag eine junge, wie Milch und Blut aussehende Bauernmagd, die mich tröstete: Es tue ihr in der Seele weh, daß ich keinen richtigen Platz habe und schon so früh am Morgen bloß auf einem Stuhl herumhocken, stehend herumhängen oder an der Wand lehnen könne. Aber da wir ja zum Glück beide die gleiche ansteckende Krankheit hätten, solle ich einfach zu ihr kommen, sie werde mich schon nicht beißen. Sie schlug die Decke zurück, streckte die Hand aus, zog mich zu sich hin und deckte mich zu, damit ich mich nicht erkältete und nicht aus dem Bett fallen konnte. Ein paar Mal fuhr sie mir mit der Hand behutsam zwischen die Beine, was ich mir nicht ungern gefallen ließ. Sie fand dort nicht so recht, was sie suchte, nahm es mir aber nicht übel. Bei einem, der schon seit einigen Wochen nichts Rechtes mehr zum Essen kriege, der wegen einer Halslähmung das Feste wieder ausspucken müsse und dem das Flüssige aus der Nase laufe, brauche man sich nicht zu wundern, daß er so ruhig sei, erklärte sie mir verständnisvoll. Das würde in so einem Fall auch gestandenen Mannsbildern passieren und nicht bloß Buben wie mir, die noch gar nicht richtig ausgewachsen seien.

Doktor Leibfried teilte mir zehn Tage vor Weihnachten bei seiner Visite mit, er erfahre leider eben aus Tübingen, daß der Abstrich vom letzten Mal, obwohl die beiden vorletzten doch negativ gewesen seien, wieder positiv ausgefallen sei. Ich fing an zu schluchzen. Auch ihm tue es jetzt so kurz vor Weihnachten ganz besonders leid, daß er mich beim besten Willen nicht heimlassen könne, suchte mich der Arzt zu trösten. Ich sah ihm an, daß es keine leeren Worte waren, und hielt meine Tränen nicht zurück. Wie er mich, zu einem halbverhungerten Häufchen Elend abgemagert, vor sich sitzen sah, sagte er mir, wenn ich ihm verspräche, niemandem zu erzählen, daß mein letzter Abstrich wieder positiv gewesen sei, dann lasse er mich laufen. Ich versprach es ihm hoch und heilig und habe Wort gehalten.

Meine Mutter freute sich zwar, als ich, nachdem ich mit der Reichspost von Ochsenhausen nach Erolzheim gefahren war, auf einmal vor der Haustür stand. Sie erschrak aber auch, als sie sah, daß nach sechs Wochen im Krankenhaus nur noch Haut und Knochen von mir übriggeblieben waren. Aber dann meinte sie zuversichtlich, sie werde mich schon wieder herausfüttern. Sogar der Pfarrer kam einmal, um Beichte bei mir zu hören und mir die Kommunion zu spenden. Sobald er mich sah, legte er mir nahe, mich mit der Gewissenserforschung nicht anzustrengen und ihm nur zu sagen, ob mich eine Todsünde belaste. Ich zögerte einen Augenblick mit meinem Nein auf seine Frage, weil ich an die sympathische Bauernmagd im Krankenhaus dachte. Gleichzeitig bekam ich aber auch einen Hustenanfall, der zum Steinerweichen war. Da hob der Pfarrer die Hand und sprach, ohne noch länger zu warten: «Deinde, ego te absolvo ...».

Schwer genug fiel es mir, als ich nach drei Monaten und bei eisiger Kälte zum erstenmal wieder zum Bahnhof nach Kellmünz radelte. Die anderen Buben schoben mich abwechselnd bei Gegenwind durch kräftigen Händedruck auf dem Rücken von hinten, damit ich den Zug nicht verpaßte. Keiner war so hilfsbereit wie Herwig Hochdorfer. Ich hörte ihn vor lauter Anstrengung oft wie eine anfahrende Lokomotive hinter mir schnaufen, was mich immer ein wenig verlegen machte, vor allem angesichts einer früheren Begebenheit. Er war der Enkel von Oberlehrer Thuma, dessen Tochter auch einen Lehrer geheiratet hatte und der seit einigen Jahren mit seiner Familie nach Erolzheim versetzt worden war. Daß Herwig nicht nur in der Grundschule, sondern auch in Memmingen fast immer die besten Noten schrieb, wäre noch erträglich gewesen. Warum mußte er jedoch auch noch mit Abstand der Stärkste und der Kräftigste von uns allen sein? Aber wenn wir ihn zu zweit angreifen würden, so kam ich mit einem befreundeten Ministranten nach einer sonntäglichen Nachmittagsandacht überein, nachdem wir in der Sakristei aus unseren Chorhemden geschlüpft und mit diesen frommen Absichten und Überlegungen ins Freie getreten waren, würden wir schon mit ihm fertig werden. Herwig, der kein ganz so fleißiger Kirchgänger war wie wir, lief uns, wie es der Zufall wollte, schon bald über den Weg. Er wunderte sich zuerst, daß wir ohne einsichtigen Grund und auf Teufel komm raus Streit mit ihm suchten. Aber als wir keine Ruhe gaben, nahm er uns, bevor wir reagieren konnten, weil wir seine Behendigkeit unterschätzt hatten, den einen im rechten, den andern im linken Arm in den Schwitzkasten, faltete seine Hände ineinander und zog seine Schraubstöcke, in die wir wie in zwei ovale Bilderrahmen eingeklemmt waren und aus denen wir uns belemmert und mit hochroten Gesichtern gegenseitig ansahen, immer enger zusammen. Wir traten dem so unbedacht Angegriffenen in unserer Not zwar mehrmals aufgeregt zappelnd auf die Vorderkappen seiner Schuhe und einige Male mit den Absätzen gegen die Schienbeine, versäumten auch nicht, wiederholt mit unseren Kniescheiben in seine Kniekehlen zu stoßen, aber Herwigs Arme fühlten sich immer mehr an wie Folterwerkzeuge, die langsam zugedreht werden, und unsere Versuche, ihn zu Fall zu bringen, wurden immer kläglicher. Ich wollte bald nur noch heraus aus der Umklammerung, um so mehr da ich befürchten mußte, eine der hübschen Töchter von Bürgermeister Schmid, der ganz in der Nähe wohnte, könne mich in dieser beschämenden Lage sehen. Ich war also heilfroh, als Herwig uns in aller Ruhe das Angebot unterbreitete, er lasse, da er eigentlich keine Lust habe, mit zwei hinterhältigen Burschen wie uns den ganzen Nachmittag zu verbringen, uns jetzt auch gerne wieder los. Wer also meine, daß er nun genug geschwitzt habe, der brauche das nur mit einem gestreckten Zeigefinger anzudeuten, da die Luft zum Reden, dafür habe er Verständnis, wahrscheinlich bei beiden allmählich etwas knapp geworden sei. Ich nahm als erster und ohne lange zu säumen Herwigs Angebot an, atmete erst einmal tief durch, als er seinen Arm gelockert und mich freigelassen hatte, und suchte mit meinem Mitgefangenen, der schon bald nach mir ebenfalls seinen Zeigefinger ausgestreckt hatte, etwas beschämt das Weite.

Da der Weg nach Kellmünz und Memmingen so mühsam und die Noten nach meiner langen Abwesenheit von der Schule so entmutigend waren, sagte ich eines Tags zu meiner Mutter, ich wolle nicht mehr weiterstudieren. Ja, wenn dem so sei, brauche ich nur noch zu überlegen, was für ein Handwerk ich lernen wolle, damit sie sich nach einer Lehrstelle für mich umsehen könne, meinte sie, ohne eine Miene zu verziehen. Ich brachte danach die Sprache nicht mehr auf das Thema, und auch sie tat, als wäre nie die Rede davon gewesen, daß ich nicht mehr weiterstudieren wolle.

Meine Verzagtheit war nicht grundlos. Ich mußte damit rechnen, am Ende der vierten Klasse nicht versetzt zu werden, falls zu der bereits feststehenden ungenügenden Note in Mathematik, wie zu befürchten war, auch noch ein unzureichendes Ergebnis in Physik käme. Meine künftige Existenz als Oberschüler hing also von dem für dieses Fach zuständigen Lehrer «Papa» Lupp ab, der mir eines Tages kurz vor der entscheidenden Zeugniskonferenz mit großem Bedauern eine mit «mangelhaft» beurteilte Klassenarbeit aushändigte. Er wolle hoffen, ermunterte er mich, daß ich bei der mündlichen Prüfung, der er mich in der nächsten Stunde unterziehen wolle, die Möglichkeit nutzen würde, die Scharte auszuwetzen. Es werde dabei, wie ich ja wohl wisse, um Photoapparate und Lichtbilder, kurzum um das Photographieren gehen. Meine Sorgen über den Ausgang der Angelegenheit vermochte er damit kaum zu zerstreuen. Mich hatten zwar immer die Ergebnisse des Photographierens interessiert, nie aber die technischen Verfahren, denen man ihr Zustandekommen verdankte. Amüsiert nahm ich allenfalls wahr, wenn bei Aufnahmen mit dem Stativ der Photograph zur Vermeidung unbeabsichtigten Lichteinfalls sich und den Apparat mit einem schwarzen Tuch umhüllte und dann, aufs komischste vermummt, die Anweisung erteilte, recht freundlich zu ihm, dem in Wirklichkeit Unsichtbaren, hinzulächeln. Aber ob das für die Prüfung reichte? «Papa» Lupp, dessen Gesicht in einen grauen Spitzbart auslief und der in der Regel den Schüler, den er aufgerufen hatte, mit mildem Lächeln durch seine Brillengläser ansah, war, wie ich zu wissen glaubte, die Güte in Person. Ich durfte also hoffen, daß er es nicht übers Herz bringen würde, bei einer mündlichen Prüfung den Stab über mich, einen von langer Krankheit Genesenen und immer noch Gezeichneten, herzlos zu brechen. Albern fand ich freilich, daß er fast jedesmal, wenn wir von ihm unterrichtet wurden, vor versammelter Klasse in die auf dem Labortisch neben einem großen Hitlerbild stehende Vase frische Blumen steckte und dabei ergriffen und voller Rührung auf den darauf abgebildeten Führer schaute, der ein auf noch unsicheren Beinen stehendes Rehkitz streichelte. In nächster Nähe dieses von ihm betreuten Hausaltars nahm er mir die mündliche Prüfung über die optischen Voraussetzungen und Grundlagen des Photographierens ab. Um mich nicht allzusehr zu quälen, beantwortete er die an mich gerichteten Fragen zumeist selber. Ich bezeugte ihm durch eifriges Nicken mein zustimmendes Einverständnis mit dem von ihm Gesagten. «Papa» Lupp ordnete während dieses in meiner und der Klasse Anwesenheit geführten Selbstgesprächs seinen an diesem Tag besonders schönen Blumenschmuck sorgfältig an und teilte mir schon bald wohlwollend lächelnd mit, hinsichtlich der Note in seinem Fach könne ich nun nach der eben erbrachten Leistung voll und ganz beruhigt sein.

Kein Onkel wohnte näher bei uns als der zwei Jahre nach meiner Mutter geborene Josef, dem die Schreinerei an der Biberacher Straße gehörte. Am 19. März, dem Fest seines Schutzpatrons, an dem, zumindest vor dem Krieg, niemand auf dem Dorf arbeitete, gingen wir seit Jahr und Tag alle mit- oder nacheinander zu ihm, um ihm zum Namenstag zu gratulieren. Ich als der Jüngste unserer Familie gab ihm in der Regel zuerst die Hand und wünschte ihm viel Glück, «vor allem, daß du gesund bleibst, lang lebst und später, wenn du gestorben bist, zu Jesus, Maria und Josef in den Himmel kommst». Der Onkel freute sich und sagte dann meistens, mit dem Himmel habe es noch Zeit, aber seine Frau, Tante Fränze, seufzte fast jedesmal, wenn sie in der Nähe stand. Das kam davon, weil sie, wie ich wußte, ein krankes Herz hatte. Wenn es ganz schlimm damit war, dann kam der Onkel zu seiner Schwester heraufgelaufen und fragte, ob Maria oder Else nicht ein paar Stunden aushelfen würden, damit sich seine Fränze hinlegen könne. Vater und Mutter erklärten uns, es sei kein Wunder, daß die Tante mit Waschen, Kochen und Putzen manchmal nicht mehr aus und ein wisse, müsse sie doch einen Mann und fünf Söhne, zu denen oft auch noch ein Geselle hinzukam, versorgen. Der Onkel hatte auch ein paar Kühe und ein Schwein, zu dem ich jeden Tag die Küchenabfälle hinuntertrug. Ich mochte ihn, auch wenn er manchmal herumschimpfte, weil wieder einmal wegen der Unaufmerksamkeit von Lehrbub oder Geselle in der Werkstatt der Leimtopf übergekocht oder von ihnen an der Hobelbank etwas nicht so gemacht worden war, wie er sich das vorgestellt hatte. Wenn er dann, wie es seine Gewohnheit war, in seiner blauen Schürze und mit dem Meterstab in der Hand zu uns heraufkam, fragte ihn meine Mutter, was denn so Schlimmes passiert sei, weil man ihn bis zu uns herauf predigen gehört habe. Habe man das, wollte er wissen. Es sei ja nicht wegen uns und der anderen Nachbarn, nahm ihn dann seine Schwester ins Gebet, aber er wisse doch, daß es seiner Fränze nicht guttue, wenn er so laut werde. Der Onkel gab ihr immer recht, wenn sie ihm so ruhig zuredete. Schon mein Vater hatte seinen Schwager gut leiden mögen, weil man sich immer auf ihn verlassen konnte. Sein ältester Sohn Josef hatte bei ihm bis zur Gesellenprüfung in der Schreinerei gearbeitet, und noch bevor er kurz nach seinem achtzehnten Geburtstag den Stellungsbefehl erhielt, für unsere Maria ein Schlafzimmer aus Kirschbaum angefertigt. Als dann im Januar 1943 auch mein Bruder Josef eingezogen wurde und dann schon bald darauf des Onkels nächster Sohn, Reinhold, zum R. A. D. eingerückt war, redeten die Geschwister hauptsächlich darüber, wo das mit dem Krieg noch für uns alle hinführen werde.

Im Herbst 1943 kam der Onkel eines Tages ganz aufgeregt und zufrieden aus der Werkstatt gelaufen, als ich, von Memmingen zurückkehrend, das Fahrrad die Biberacher Straße hinaufschob. Schon bevor er bei mir war, sagte er, daß unser Josef, von dem wir seit Wochen nichts mehr gehört hatten, in Sizilien in Gefangenschaft geraten sei, wie er auf einer Postkarte des Roten Kreuzes geschrieben habe. Für Josef sei der Krieg damit jetzt aus. Er habe sich um ihn nicht wenig gesorgt, aber das habe er schon wegen seiner Schwester immer lieber für sich behalten. Als ehemaliger Soldat wisse er nämlich nur zu gut, daß mit Bomben, Granaten und Kugeln, ob es nun englische, russische, französische oder amerikanische seien, nicht zu spaßen sei. Aber darüber lange zu reden sei jetzt nicht der richtige Augenblick, meine Mutter warte bestimmt schon ungeduldig auf mich, um sich mit mir über die gute Nachricht von Josef zu freuen.

Ein paar Monate nachdem die gute Nachricht von unserem Josef gekommen war, brachte der Onkel aber die schlimme von ihrem Josef, der in Rußland gefallen war. Als wir ihn mit todernstem Gesicht langsam die Treppe zu uns heraufkommen sahen, wußten wir schon, daß etwas Schreckliches passiert sein mußte. Jetzt könne er nur noch hoffen, sagte er, obwohl er fast nicht sprechen konnte, daß wenigstens Reinhold lebend und mit gesunden Gliedern wieder nach Hause komme und dieser furchtbare Krieg zu Ende sei, bevor auch Bruno, Georg, Alfons und ich eingezogen würden.

Ob man es nun sehen wollte oder nicht: Wie arg der Krieg einen zurichtete, das stand einem plötzlich und deutlich vor Augen, wenn man auf der Straße nach Bonlanden ging oder radelte. Dort war für die verletzten Soldaten ein Lazarett eingerichtet worden, wie schon durch das weit sichtbare Rote Kreuz auf dem Dach des Klosters zu erkennen war. Bei einigen der bereits wieder einigermaßen hergestellten und von Ärzten und Pflegern zur Bewegung ins Freie geschickten Verwundeten hing ein hin- und herbaumelnder leerer Ärmel von der Jacke herab. Der Verstümmelte tröstete sich oder wurde bei Gesprächen damit getröstet, wenn es sich wenigstens bloß um die linke Seite handelte. Andere kamen auf Krücken daher, und falls sie noch jung und Mädchen in der Nähe waren, taten sie manchmal so, als wäre es spaßig, sich auf den für sie erdachten gebogenen Querhölzern unter den Achselhöhlen abzustützen. Sie schwangen sich mit dem ihnen noch verbliebenen Bein wie Zirkusakrobaten weit nach vorn und hinten und schienen sich zu freuen, wenn sie bewundert wurden. Manche der Schwerverletzten lachten wohl auch, weil sie wenigstens mit dem Leben davongekommen waren und für sie, wie sie sich einbildeten, der Krieg nun aus und vorbei war oder weil sie hofften, der Dank des Vaterlandes sei ihnen nun bis zum Ende ihrer Tage gewiß. Und durften sie vielleicht nicht damit rechnen, daß sie trotz ihrer Verstümmelung eine Frau finden und eine Familie gründen könnten? Besser als gar kein Mann war schließlich einer, dem ein Arm oder Bein fehlte. Dieser Meinung schienen auch die Mädchen zu sein, die, seitdem Bonlanden ein Lazarett hatte, auffällig häufig auf der Straße dorthin spazierengingen. Ob sie wieder auf der Rennbahn gewesen seien, wurden sie spöttisch gefragt, wenn sie wieder nach Erolzheim zurückkamen.

Bücher

Wenn ich einmal studieren wollte, dann mußte ich viel lesen. Da reichte es nicht, wenn ich in der Zeitung und im «Katholischen Sonntagsblatt», die täglich und wöchentlich ins Haus gebracht wurden, ein bißchen herumblätterte. Ich mußte richtige Bücher lesen wie der Pfarrer, der viele hatte und mir manchmal erzählte, was in ihnen stand, mir aber nie eines in die Hand gab oder gar auslieh.

Auch der Ulmer Onkel hatte viele Bücher, die ich hinter Glas in seinem Bücherschrank in seiner Wohnung in der Goethestraße gesehen hatte, als wir ihn vor dem Krieg in der Stadt an der Donau besucht hatten. Nach Erolzheim wollte er sie aber nicht bringen, auch als man schon mit Luftangriffen rechnen mußte, und so verbrannten sie alle, als das Haus, in dem er mit Tante Emma lebte, im Dezember 1943 bombardiert wurde.

Neben den Gedichten und Dramen Schillers, auf die unser Vater große Stücke gehalten hatte, besaßen wir die dicke Legendensammlung von Alban Stolz und eine fast ebenso große Volksbibel mit vielen bunten Illustrationen, in der ich oft herumblätterte. Auch zwei Romane gab es bei uns, «In fremden Spiegeln» von Paul Keller und «Der Klosterjäger» von Ludwig Ganghofer. Den einen hatte mein Vater, den anderen meine Schwester Maria einmal geschenkt bekommen. Ich durfte die beiden Bücher aber nicht lesen, weil es Romane waren.

Völlig unmöglich war es für mich, im Doktorbuch herumzublättern. Meine Mutter sah darin manchmal etwas nach, dann versperrte sie es aber gleich wieder in einer Schublade unseres Schreibtisches, zu der sie allein den

Schlüssel hatte. Nur einmal, als sie in die Kirche ging, hatte sie vergessen, ihn, wie üblich, zu verstecken. Jetzt konnte ich endlich einmal nachsehen, wie Frauen aussahen, wenn sie nicht angezogen waren. Aber als ich bei meinem aufgeregten Nachschlagen entdeckte, was man für abscheuliche Beulen bekam, wenn man eine Geschlechtskrankheit hatte, verschloß ich den Wälzer mit seinen unappetitlichen Bildern wieder an seinem Platz und wußte auch schon und ein für allemal, daß ich bestimmt nie ein Arzt werden wollte, selbst wenn mir jemand das ganze Studium bezahlt hätte.

Gebetbücher gab es viele bei uns, denn jeder brauchte eines zum Mitsingen, für die Andachten und zur Gewissenserforschung bei der Beichte. Auf dem Weg zur Kirche hielt man das Buch fest umklammert in der Hand. Einmal brachte ich eines mit schadhaftem Einband zu dem freundlichen Buchbinder Buchmann mit den langen schlohweißen Haaren in der Langgasse, der auch Schreibwaren verkaufte und der meistens mitten in einem Haufen um ihn herumliegender alter Bücher saß. Er fragte mich interessiert, was ich denn einmal werden wolle. Falls ich nicht studieren könne, wolle ich am liebsten Buchbinder werden, antwortete ich, dann könne ich wenigstens nach Herzenslust lesen. Er lachte mich aus und schüttelte den Kopf. Ich solle doch einmal nachsehen, was für altes Zeug er zu binden habe. Außer Gebetbüchern, die ich wahrscheinlich sowieso schon fast auswendig kenne, gebe es bei uns auf dem Dorf wenig anderes zu erwarten. Ob man denn als Buchbinder nicht so gut verdienen könne, um dann die Bücher zu kaufen, die man unbedingt immer um sich haben wolle, fragte ich ihn noch. Da solle ich mir nur nichts vormachen, klärte er mich auf. Oft kämen die Leute mit alten Gebet- und Gesangbüchern, die er wieder fast wie neu herrichte, er müsse aber meistens lange darauf warten, bis sie wieder abgeholt und bezahlt würden, weil sich die Kunden inzwischen daran gewohnt hatten, beim Banknachbarn in der Kirche ins Buch zu schauen, wenn sie wissen wollten, wie der Text des Liedes, das gerade gesungen wurde, weiterging.

Im Zug nach Memmingen redeten die anderen Buben viel von Karl May, von dem ich zwar wußte, den ich aber noch nie gelesen hatte. Das sei eine Schande, sagten sie. Ich ging mit einem von ihnen zu einer Leihbücherei nicht weit vom Bahnhof, von der er mir erzählt hatte. Vor allem bei den Büchern von Karl May sah man, daß sie viel benutzt wurden. Ich erzählte meinem Buchbinder davon, wie heruntergekommen und zerlesen sie alle aussahen. Er meinte, für neunzig Pfennig würde er auch fast auseinanderfallende Bände wieder herrichten. Als ich der Inhaberin der Memminger Leihbücherei davon berichtete, meinte sie, wenn ich für sie die Bücher nach Erolzheim zu meinem Buchbinder bringen und dann nach der Reparatur wieder bei ihr abliefern würde, dann werde sie die zwanzig Pfennig nicht mehr von mir verlangen, die man für einen Band Karl May sonst zahlen mußte, wenn man ihn für eine Woche auslieh. Ich freute mich über das gute Geschäft. Auch der Buchbinder war zufrieden. Ich las monatelang nichts anderes mehr als «Durch die Wüste» und «Winnetou» und viele Dutzend andere Bücher. Jetzt konnte auch ich mit den anderen Buben über Old Shatterhand reden, wenn sie sich mit ihm wichtig machten. Am meisten gefiel mir bei Karl May, daß Old Shatterhand nur ganz böse und unbekehrbare Schurken richtig umbrachte, und das auch nur dann, wenn es beim besten Willen nicht mehr anders ging, die anderen Gegner aber nur bewußtlos schlug, und nie auf viel länger als unbedingt nötig. Meistens tat er es nur deshalb, damit er, solange die von ihm Niedergestreckten wie tot herumlagen, Gefesselte befreien und Gefangene am Marterpfahl retten konnte, bevor sie ihren Skalp eingebüßt hatten. Wenn es Old Shatterhand nicht mehr gelungen war, vorher rechtzeitig einzutreffen, waren zum Glück von den Indianern meist sowieso nur hinterhältige Schurken skalpiert worden.

Auch mein Bruder Josef, der damals noch nicht eingezogen war und schneller lesen konnte als ich, wie ich besonders merkte, wenn wir uns am Abend in unseren nebeneinander stehenden Betten bei schlechter Beleuchtung auf dasselbe Buch stürzten, vergaß alles über Karl May. Er war schon fast immer auf der Rückseite eines Blatts, wenn ich mit der vorderen noch lange nicht ganz fertig war. Er blätterte es ungeduldig senkrecht in die Höhe, weil er unbedingt erfahren wollte, wie die Geschichte weiterging. An Sonntagen mußte ich ihm das Buch, das wir gerade verschlangen, allein überlassen, weil er unter der Woche tagsüber keine Zeit dafür hatte. Falls das Wetter schön war, ging er damit in den Wald, um bei der Lektüre möglichst ungestört zu sein. Einmal traf ich ihn dort ganz benommen, weil er gerade gelesen hatte, daß «Schöner Tag», Winnetous Schwester, gestorben war. Er war noch viel zu niedergeschlagen, um mir gleich erzählen zu können, wie das zugegangen war.

Hausaufgaben interessierten mich bald nur noch nebenbei. Meine Noten wurden immer schlechter, und meine Mutter vermutete richtig, daß dies mit unserem Karl-May-Fieber zu tun hatte. Da verbot sie mir, noch einmal etwas von ihm nach Hause zu bringen. Inzwischen hatte der Buchbinder aber sowieso Zeit gehabt, fast alle reparaturbedürftigen Schwarten der Memminger Leihbücherei wieder tipptopp herzurichten.

Wenn meine Mutter geahnt hätte, daß ich jetzt nach den vielen Büchern von Karl May «Um die indische Kaiserkrone» von Robert Kraft las, dann hätte sie mir sicher damit gedroht, mich von der Memminger Knabenoberschule zu nehmen. Ich wußte genau, daß es ein Roman war, über den man sich eigentlich schämen mußte. Aber gerade deshalb hatte er mich interessiert. Ein Klassenkamerad hatte im Zug damit angegeben, weil er behauptete, über Karl May sei er schon lange hinaus. Bei dem gebe es doch eigentlich gar keine richtigen Weiber. Und wenn dann doch einmal ein Mädchen vorkomme wie «Schöner Tag», dann lasse er es schon bald sterben, weil er sowieso nicht wisse, was er damit anfangen solle. Da sei «Um die indische Kaiserkrone» schon etwas anderes. Da werde wenigstens gehörig gevögelt. Bei Karl May gehe es doch viel zu brav zu. Und Inder seien sowieso viel interessanter als Indianer. Daß Inder interessant waren, das wußten wir alle, seitdem ein Klassenkamerad aus Unteropfingen eine Gebetsmühle in den Erdkundeunterricht mitgebracht hatte, die seinem Vater gehörte. Der hatte lange in Indien gelebt, wäre um ein Haar von einem Tiger aufgefressen worden und kannte sich dort so gut aus wie der Sohn in seiner eigenen Hosentasche.

Wie es mit dem Vögeln war, das wußte ich, seitdem meinem Vetter Bruno und mir auf unserem sonntäglichen Spaziergang zur Mergelgrube hinterm Johannesberg eine aus dem Wald herausstürzende Gruppe fast gleichaltriger Buben ganz aufgeregt und schreiend zugerufen hatte, sie hätten eben das verschämt neben ihnen stehende Mädchen und den wütenden Soldaten, der seine Hose in Ordnung zu bringen suchte, dabei erwischt. Einer hatte als Beweis den klatschnassen Pariser, den sie benutzt hatten, auf einem Stecken aufgespießt und hielt ihn, «Die Fahne hoch» anstimmend, als Trophäe in die Luft. Er wurde grinsend und laut lachend bestaunt, bevor er wieder ins Unterholz geschleudert wurde.

Weil ich aber, als ich «Um die indische Kaiserkrone» las, unkeusche Gedanken gehabt hatte und nur zu gut wußte, daß das lauter Todsünden waren, mußte ich diese so schnell wie möglich beichten. Nur so konnte ich, bevor mich meine Mutter zur Rede stellte, wieder kommunizieren. Im Beichtstuhl wollte der Pfarrer genau wissen, was das für ein Buch gewesen sei und wer es mir zum Lesen gegeben hatte. Dann ermahnte er mich, ich solle, wenn ich etwas Gutes lesen wolle, lieber in die Pfarrbücherei zu Schwester Viola gehen, die, wie ich ja wohl wisse, an bestimmten Tagen Bücher ausleihe, die schön und erbaulich seien. Wenn man die lese, brauche man dies dann nicht zu beichten. Ganz im Gegenteil: Man sammle sich Schätze im Himmel und müsse sich später nicht auch noch Vorwürfe machen.

Ich tat, wie mir der Pfarrer geraten hatte. Ein Gutes hatte die Pfarrbücherei. Was da herumstand, war meistens nicht so interessant, daß man darüber die Hausaufgaben vergessen konnte. Aber einmal stieß ich doch auf ein Buch, das ich gleich und unbedingt haben wollte, weil es von Josef Freiherr von Eichendorff war. Der Pfarrer hatte ihn mir einmal genannt, als ich ihn besorgt gefragt hatte, ob es denn gar keine großen katholischen Dichter gebe oder gegeben habe. Daß Goethe und Schiller nicht katholisch gewesen waren, das wußte ich. Der Pfarrer erklärte mir, um mich zu trösten, daß die großen katholischen Dichter meistens Ausländer gewesen seien, wie zum Beispiel der Italiener Dante und der Spanier Calderón. Er könne freilich leider kein Italienisch und kein Spanisch und müsse sie daher in Übersetzungen lesen. Den Spanier Calderón habe der hochangesehene katholische Dichter

Eichendorff aus Schlesien ins Deutsche übersetzt, fügte er beiläufig hinzu. Da freute ich mich, daß es auch einen großen deutschen katholischen Dichter gab. Ob er so bedeutend sei wie Goethe und Schiller, wollte ich noch wissen. In moralischer Hinsicht ganz bestimmt, und darauf komme es doch eigentlich an.

Als ich den Band mit Gedichten und Novellen Eichendorffs aus dem Regal herausgezogen hatte, sah ich zu meiner Freude, daß es eine Erzählung mit dem Titel «Das Marmorbild» gab. Auf einer dazu gemalten Illustration war ein junger Mann, der zu einer Statue hinschaute, einer wunderschönen weiblichen Figur, die im Mondschein weiß und hell leuchtete. Mir gefiel sie viel besser als die Frauen, die ich im Doktorbuch meiner Mutter gesehen hatte. Schwester Viola, die ein bißchen in dem Buch herumblätterte, das ich mit nach Hause nehmen wollte, wurde mißtrauisch, als sie eine nackte Statue im Mondschein sah, deren Umrisse etwas verschwommen auch noch im Wasser eines Weihers widergespiegelt wurden. Nein, meinte sie, sie könne mir das Buch nicht geben, dafür sei ich noch zu klein. Ich wollte aber den dicken Band unbedingt haben. Ich war neugierig darauf zu erfahren, wie das mit dem Marmorbild war, und auch die Illustration wollte ich in aller Ruhe anschauen, ohne daß mir Schwester Viola dabei zuguckte. Da sagte ich ihr, ich wisse es vom Herrn Pfarrer, daß Eichendorff der größte katholische deutsche Dichter sei. Ob er das wirklich gesagt habe, fragte sie mich und sah mir wie schon früher im Kindergarten in die Augen, um darin zu lesen, ob es auch stimmte. Ich nickte. Da bekam ich das Buch mit nach Hause.

Die Geschichte von dem jungen Mann, der Florio hieß, gefiel mir ganz besonders, auch weil sie in Italien spielte. Da war das Leben schon wegen der feuerspeienden Berge und Palmen, wie ich wußte, viel spannender als bei uns. Der junge Mann mochte ein Mädchen, das Bianka hieß, gut leiden. Aber an einem Abend lud ihn eine geheimnisvolle Frau, die fast wie die Statue im Mondschein aussah und die ihn schon einige Abende zuvor mit schmachtenden Augen unter dem Nachthimmel angesehen hatte, in ihr Schloß zu sich ein. Da kam Florio ganz durcheinander, und besonders als sie sich in einem vornehm tapezierten Zimmer auf seidene Kissen hinlegte, wußte er gar nicht mehr, was er tun sollte, weil es ihm ganz heiß und schwül wurde. Zum Glück fiel ihm ein Stoßgebet ein, und unter dem Fenster stimmte auch noch sein Freund Fortunato ein frommes Lied an. Dann blitzte und donnerte es, und Florio merkte auf einmal, daß die Statue immer bleicher und bleicher wurde und sich die Blumen in den Vasen, die überall herumstanden, in lauter Schlangen verwandelten, so daß es ihn zu grausen anfing und er schnell aus dem Zimmer lief. Dem Pfarrer brauchte ich nicht zu beichten, daß ich «Das Marmorbild» gelesen und immer wieder die schöne Statue in dem Buch angeguckt hatte. Daß Eichendorff ein großer katholischer Dichter war, konnte man schon daran merken, daß Florio im richtigen Augenblick «Herr Gott, laß mich nicht verlorengehen in der Welt!» gesagt und sein Freund Fortunato zu guter Letzt ein frommes Lied gesungen hatte.

Vom dritten Schuljahr an mußten wir in Memmingen auch noch Latein lernen, nachdem wir im ersten mit dem Englischen begonnen hatten. In dem neuen Fach hatten wir einen Lehrer, der Hans Weis hieß und uns auch in Deutsch unterrichtete. Er war zwar klein von Statur, aber doch auch etwas Besonderes, weil er selber Bücher geschrieben hatte, die er manchmal von zu Hause mitbrachte und von denen er im Unterricht viel redete, wenn er sich, wie so oft, nicht richtig vorbereitet hatte. Einmal las er uns sogar einen lateinisch geschriebenen Brief eines Japaners vor, in dem dieser die von ihm, Hans Weis, gesammelten und veröffentlichten deutschen und lateinischen Sprachspielereien lobte. Er zeigte uns auch den Umschlag mit den japanischen Briefmarken, damit wir sehen konnten, wie berühmt er auf der ganzen Welt war. Wenn sich einer schlecht betrug, was recht oft vorkam, schrieb er hinter seinen Namen auf dem Karton, auf dem er alle Schüler aufgelistet hatte, mit Bleistift ein kleines b, wenn einer die Hausaufgabe nicht gemacht oder die Vokabeln nicht gelernt hatte, weil er zu faul gewesen war, dann trug er ein kleines f ein. Wenn drei davon auf dem Karton standen, dann erhielt man einen Verweis. Einen Verweis konnte man aber auch schon bekommen, wenn man ihm von hinten einen Maikäfer an den Kopf zu werfen versuchte und sich dabei erwischen ließ. Wenn so etwas passierte, dann fing er an, laut zu schreien und zu toben. Und damit wir auch jetzt noch merkten, daß er ein berühmter Mann war, der außerdem nie vergaß, daß er unser Lateinlehrer war, nannte er uns abwechselnd «ossa canis» oder «Hundsknochen», damit alle kapierten, was gemeint war.

Mit mir und den anderen Buben aus Erolzheim fuhr auch Walter Wiest nach Memmingen. Er war zwei Jahre älter als ich, weil er erst später als wir mit der höheren Schule angefangen hatte. Der lernte Latein so leicht, als ob das ein Kinderspiel wäre, obwohl er nicht einmal Ministrant gewesen war. Ich war fein heraus, solange Walter neben mir saß und mich alles von ihm abschreiben ließ, die Hausaufgaben, zu denen ich wegen Karl May nicht mehr gekommen war, aber auch die Klassenarbeiten, mit denen er eins, zwei, drei fertig wurde. Allmählich bemerkte Professor Weis, daß von uns beiden, die zusammen in einer Bank saßen, einer immer darauf wartete, bis ihm der andere zugeflüstert hatte, wie das lateinische Wort lautete, nach dem er gefragt worden war. Als er wieder einmal eine korrigierte Klassenarbeit austeilte, kam er ganz freundlich auf mich zu und sagte, ich solle ihm die Ehre geben, auf seinem auf dem Katheder stehenden Stuhl Platz zu nehmen und ein paar kurze deutsche Sätze, die er eigens für mich vorbereitet habe, ins Lateinische zu übersetzen. Da saß ich nun die ganze Unterrichtsstunde über mutterseelenallein vor der Klasse und wußte nicht, wo aus und wo ein. Nicht einmal «Hundsknochen» kam in den vorbereiteten Sätzen vor, so daß ich am Ende ein fast leeres Blatt abgab. Am nächsten Tag kam Hans Weis, auf den wie üblich schon einige vor der Tür gewartet hatten, um seine Ankunft anzukündigen, beschwingten und federnden Gangs ins Klassenzimmer hereinspaziert und rezitierte auf dem Weg zum Katheder mit zunächst leiser, dann aber anschwellender Singsangstimme listig lächelnd wiederholt «Die Sonne bringt es an den Tag. / Und ist es noch so fein gesponnen, / An den Tag bringt es die Sonnen». Ganz gegen seine Gewohnheit fing er nicht an herumzubrüllen. Ich merkte, daß er mich nicht in Grund und Boden verdammte, sondern mir und auch den anderen nur zeigen wollte, daß Lügen kurze Beine haben. Da nahm ich mir allen Ernstes vor, künftig fleißiger zu lernen, freilich ohne recht zu wissen, wie ich das anstellen sollte.

Einige Wochen später erklärte uns Hans Weis, den alle Steiß nannten, wenn er nicht gerade in der Nähe war, in der Deutschstunde, was ein Reimlexikon sei. Da brauche man nur nachzuschlagen, wenn man nicht das richtige und passende Wort beim Dichten finde. Und damit wir alle hören konnten, wie praktisch das sei, sagte er, einer von uns solle ihm auf gut Glück zwei Wörter nennen. Im Handumdrehen werde er dann ein kleines Gedicht machen. Er solle es mit Mund und Kuß versuchen, wurde ihm zugerufen. Ohne im Lexikon nachsehen zu müssen, reimte er: «Sie bot ihm ihren Rosenmund / zu einem lauten Kusse, / was tat er da, der blöde Hund: / Er stieß sie mit dem Fuße».

Einer von uns brachte einmal einen Photoapparat mit. Er ließ es geschmeichelt zu, daß einige Aufnahmen von ihm gemacht wurden. Als die Bilder entwickelt und abgezogen waren, durften wir alle zu ihm in seine Sprechstunde kommen, um die gekauften Abzüge von ihm signieren zu lassen. Jeder bekam, wenn er darum bat, einen gereimten Spruch auf das Bild geschrieben. Am meisten Erfolg hatte er mit: «Der Lehrer ist sehr oft gar barsch, / Der Schüler denkt: Leck mich am Arsch». Weis erfreute sich aber auch an braven Reimereien. Die notierte er dann für eines seiner nächsten Bücher. Jeder durfte sich auch mitten im Unterricht melden und ihn unterbrechen, um ihm ein kleines Gedicht aufzusagen. Ich hatte vom Pfarrer einmal einen Spruch über drei heilige Jungfrauen gehört, den ich der ganzen Klasse nach einer Wortmeldung laut vortrug: «Barbara mit dem Turm, / Margareta mit dem Wurm, / Katharina mit dem Radel: / Das sind die drei heiligen Madel». Weis lobte mich wegen der ihm noch nie zu Ohren gekommenen Verse und zeichnete auf seinen Karton hinter meinen Namen einen Hoffnungsstern. Wenn man einen Hoffnungsstern oder einen Gedankenblitz erhielt, dann wurde damit ein b oder ein f ausgelöscht. Da ich jetzt einen Hoffnungsstern hinter meinem Namen stehen hatte, wußte ich, daß noch nicht Hopfen und Malz an mir verloren waren, solange Hans Weis unser Klaßlehrer blieb.

Aber in der vierten Klasse bekamen wir einen neuen Lateinlehrer, Nägele, den alle Mahatma Gandhi nannten, weil er so dürr war. Bei dem ging es nicht so unterhaltsam und abwechslungsreich zu wie bei Hans Weis. Dichten und Reimen wollte er nicht mit uns, hingegen unterließ er nichts, uns in seinem Fach voranzubringen. Bei ihm versuchte keiner abzuschreiben, und ich begriff zum erstenmal, daß man Latein sogar verstehen konnte, wenn es einem richtig erklärt wurde. Fast alle bekamen auf einmal schlechtere Noten, weil ich nicht der einzige war, der bei Hans Weis vom Banknachbarn abgeschrieben hatte. Ich hatte zwar ein wenig Angst vor dem neuen Lehrer, freute mich aber mehr über meine «befriedigend» und «ausreichend» bei ihm als über meine «gut» und «sehr gut» bei Hans Weis. Jetzt wagte ich mir keine Bücher aus der Leihbibliothek mehr auszuleihen, wenn ich daran dachte, daß er am nächsten Tag die aufgegebenen Vokabeln abfragen werde.

Das Lied von der Loreley durfte man nicht mehr singen, weil es von Heinrich Heine war. Man sollte es vergessen, weil Heinrich Heine ein Jude gewesen war. Das wußte ich. Trotzdem wurde bei uns zu Hause die «Loreley» ab und zu angestimmt oder gesummt. Falls einen jemand zur Rede gestellt hätte, konnte man sich damit herausreden, das sei doch ein Volkslied, und man habe doch nicht wissen können, daß «Ich weiß nicht, was soll es bedeuten» gar nicht vom Volk, sondern von einem Dichter verfaßt worden sei.

Luitpold, den um ein paar Jahre jüngeren Sohn des Tierarztes Rösch, dessen Vater wie fast alle anderen Männer im Dorf nicht mehr daheim war, holte ich, bevor wir zusammen mit den anderen Buben zum Bahnhof nach Kellmünz radelten, oft von zu Hause ab. Ich tat es nicht nur seinetwegen, sondern auch, weil mir seine Schwester Doja ganz besonders gefiel, und das schon immer. Ich hatte sie, als ich vielleicht noch nicht einmal in den Kindergarten ging, in dem von meinen Schwestern gezogenen Leiterwägelchen sitzend, einmal hinter ihrer Gartentür in der Kirchberger Straße gesehen. Sie rief uns «Böse Bubi, böse Mädi» zu. Ich freute mich, als sie die erste Grundschulklasse mit mir besuchte, kann mich aber nicht erinnern, daß ich je mit ihr im Klassenzimmer oder auf dem Schulhof gesprochen hätte. Inzwischen war sie zu einer Schönheit herangewachsen. Aber die beiden großen Hunde, die im Haus herumliefen, fingen jedesmal beängstigend zu knurren an, wenn ich auch nur zu ihr hinsah. Als ich einmal am Nachmittag zu ihm ging, zeigte mir Luitpold, während die Schwester mit den Hunden spazierenging, die vielen Bücher, die in dem zum ersten Stock hinaufführenden Treppenhaus in mehreren Regalen verstaut waren. Felix Dahn und sein «Kampf um Rom» interessierten mich nicht besonders, weil ein fanatischer Lehrer in Memmingen mit einem Hitlerscheitel und Hitlerbärtchen, der uns von Hans Weis übernommen hatte, uns oft aus dem Schinken vorlas, um uns zu zeigen, was herausragende Feldherren- und Führerpersönlichkeiten sind. Ich wunderte mich nicht wenig, als ich in den Regalen unter den Büchern auch sieben Bände von Heinrich Heine nebeneinander stehen sah. Luitpolds Mutter, eine temperamentvolle Münchnerin, hatte nichts dagegen, daß ich mir ab und zu einen davon auslieh. Damit mich keiner fragen konnte, was ich denn da für ein Buch nach Hause trage, versteckte ich es sorgfältig unter dem Pullover. Ich las viele Gedichte und auch die «Reisebilder», und wenn ich etwas nicht verstand, dann wußte ich, daß es wohl eher an mir als an Heine lag. Einmal stieß ich auf ein Gedicht aus dem

Zyklus «Zum Lazarus». Wenn ich mit dem Pfarrer wieder einmal am Kriegerdenkmal für einen Gefallenen betete, waren mir manchmal Gedanken durch den Kopf gegangen, die ich zwar zu vertreiben suchte, die aber immer wiederkehrten. Jetzt, wo sie auf einmal schwarz auf weiß vor mir standen und mir schnell im Gedächtnis geblieben waren, ließen sie sich nicht mehr verscheuchen:

> Laß die heil'gen Parabolen
> Laß die frommen Hypothesen –
> Suche die verdammten Fragen
> Ohne Umschweif uns zu lösen.
>
> Warum schleppt sich blutend, elend,
> Unter Kreuzlast der Gerechte,
> Während glücklich als ein Sieger
> Trabt auf hohem Roß der Schlechte?
>
> Woran liegt die Schuld? Ist etwa
> Unser Herr nicht ganz allmächtig?
> Oder treibt er selbst den Unfug?
> Ach, das wäre niederträchtig.
>
> Also fragen wir beständig,
> Bis man uns mit einer Handvoll
> Erde endlich stopft die Mäuler –
> Aber ist das eine Antwort?

Natürlich redete in der Schule in Memmingen niemand von Heinrich Heine. Auch Frau Dr. Milz, die uns wiederholt in Deutsch unterrichtete, tat es nicht. Sie erzählte viel von Annette von Droste-Hülshoff. Das sei eine Dichterin aus dem Münsterland gewesen, aus dem sie selber auch herstamme. Besonders als sie uns «Der Knabe im Moor» erklärte, merkte man, daß sie katholisch war: Anstatt sich über den Vers «Wär' nicht Schutzengel in seiner Näh'» lustig zu machen oder dumme Witze zu reißen, wie das ganz sicherlich der borniert Lehrer mit dem Hitlerscheitel und dem Hitlerbärtchen getan hätte (aber der hätte das Gedicht bestimmt gar nicht besprochen und uns schon gar nicht auswendig lernen lassen), erklärte sie uns, der Knabe habe wahrscheinlich auch deshalb den Weg nach Hause wiedergefunden, weil er durch den Glauben an seinen Schutzengel etwas von seiner Angst verloren habe. Daß sie keine Nationalsozialistin war, konnte man leicht merken, sonst hätte sie bestimmt nicht gesagt, wir bräuchten nicht das ganze «Lied von der Glocke» von Schiller auswendig zu lernen, aber den Abschnitt, der mit «Holder Friede, süße Eintracht» beginne, den solle sich keiner schenken.

Wie recht der Dichter und die Lehrerin hatten, das wurde jeden Tag deutlicher. Immer häufiger heulten zwischen zehn und elf Uhr die Sirenen, um Luftwarnung zu geben. Wir Fahrschüler hatten dann so schnell wie möglich unsere Sachen zusammenzupacken, zum Bahnhof zu laufen und den nächsten Zug nach Hause zu nehmen. Wenn aber auf dem Weg dahin aus der Luftwarnung Fliegeralarm wurde, mußten wir wie erschreckte Mäuse, die ein Loch suchen, schleunigst in einem Luftschutzkeller verschwinden, wo wir oft stundenlang herumhockten und verängstigt oder gelangweilt auf Entwarnung warteten.

Kurz vor Kriegsende kamen einige Lehrer sogar auf Fahrrädern und trotz der Tiefflieger ein paarmal nach Erolzheim, um uns in dem Max Röhrles Eltern gehörenden Gasthaus «Zum Falken» in ihren Fächern zu unterrichten. Natürlich taten sie dies auch in der Hoffnung, auf dem Dorf ein paar Eier, etwas Milch oder wenigstens ein paar Pfund Kartoffeln zu ergattern. Unser Nachbar Springer, der vor dem Krieg ab Juli schon immer in aller Herrgottsfrühe mit seinem einzigen Gaul und einem Wagen voller Frühkartoffeln auf den Wochenmarkt nach Memmingen gefahren war, konnte sich jetzt die Mühe sparen. Nun kamen die Städter aufs Land, wenn sie etwas brauchten.

Kriegsjahre:
Wehrertüchtigung, Heimatflak, Volkssturm

Als Schlaffner, der damalige Direktor der Memminger Knabenoberschule, plötzlich von seinem Posten abgesetzt wurde, wunderte sich meine Mutter nicht. Sie sei einmal nach dem Tod des Vaters bei ihm in der Sprechstunde gewesen, und da habe sie gesehen, daß das ein aufrechter Mann sei. Solche Menschen hätten es in Zeiten, wie wir sie verlebten, nicht leicht. Ein paar Tage später packte sie mir zu meinen Heften und Büchern ein paar in Zeitungspapier gewickelte Eier in die Schulmappe, mit dem Auftrag, sie in seiner Wohnung abzugeben. Ich sträubte mich zunächst: Wie das denn aussehe, wenn ich dem Schulleiter Eier bringe, fragte ich sie. Natürlich würde sie mich nicht zu ihm schicken, wenn er noch Direktor wäre, wies sie mich zurecht, aber solange diejenigen, die an der Macht seien, das Sagen hätten, und das dauere wahrscheinlich noch viel zu lange, werde er sicher nicht wieder in sein Amt eingesetzt. Ich solle also nicht versuchen, mich durch Ausreden um ein gutes Werk herumzudrücken. Es sei ja nicht wegen der Eier, die unsere Familie genausogut brauchen könne wie die seine, aber er solle sehen, daß es Leute gebe, die wußten, daß es heutzutage eine Ehre und keine Schande sei, seine Stelle zu verlieren, weil man nicht zu allem, was angeordnet und befohlen werde, Ja und Amen sage. Genieren solle man sich wegen der Dinge, die man aus eigennützigem Interesse tue, nicht wegen solcher, die einem braven Mann zeigen konnten, daß er nicht ganz allein sei.

Nach meinem Klingeln an seiner Haustür, die nicht weit von der Schule entfernt war, öffnete nicht der Direktor oder seine Frau, sondern ein junges Mädchen, das wohl seine Tochter war. Ich übergab ihr mit einem Gruß von meiner Mutter die Eier und war froh, daß sie niemanden rief und bloß dankte und lachte, als ich ihr mein gut verpacktes Geschenk übergab.

Der Schulweg nach Memmingen wurde von Tag zu Tag beschwerlicher und länger. Weil ich befürchten mußte, am nächsten Morgen platte Fahrradreifen zu haben und deshalb den Zug in Kellmünz zu versäumen, verbrachte ich viel Zeit damit, die Räder abzumontieren und die bereits an vielen Stellen notdürftig geflickten Schläuche in einen Wasserzuber zu halten, um nachzusehen, ob an irgendeiner Stelle Luft herausblubberte. Neue Schläuche gab es nur auf Bezugsschein, und viel taugten die sowieso nicht.

Bei dem vielen Schnee und der großen Kälte der Kriegswinter begleitete uns ein paarmal der Vater von Max Röhrle auf einem mit einem Pferd bespannten Schlitten, mit dem er sonst den Mist auf die gefrorenen Felder fuhr, bis zum Bahnhof nach Kellmünz. Da er den Schlitten am Abend vorher für unsere Fahrt mit Stroh und Pferdedecken ordentlich hergerichtet hatte, hätte das auch lustig sein können, wenn wir, unausgeschlafen und ohne Bewegung auf dem Gefährt hockend, bei eisigem Ostwind und sternklarem Himmel nicht noch mehr an Händen, Füßen, Ohren und im Gesicht gefroren hätten als auf dem Fahrrad. Einige Male nahmen wir auch den Omnibus des Schlossers Schaup nach Kellmünz. Der fuhr täglich zum Bahnhof, um die Post dort abzuholen, aber das war schon um sechs Uhr in der Frühe. Außerdem mußten wir für die Fahrt bezahlen und danach im kaum beheizten und miserabel beleuchteten Wartesaal mehr als eine Stunde vertrödeln, bis der Zug aus Ulm ankam. Die Lust zum Witzeerzählen verging einem in dem von dem schlecht ziehenden Ofen verrauchten Raum schnell. Am muntersten waren diejenigen, die das nötige Kleingeld hatten, um Siebzehnundvier zu spielen. Das war zwar ein recht idiotischer Zeitvertreib, aber wenigstens gab es ein bißchen Spannung und Aufregung, weil jeder dabei zeigte, wie er wirklich war. Einige taten so, als mache es ihnen überhaupt nichts aus, wenn sie verloren, obwohl sie sich in Wirklichkeit natürlich darüber zu Tode ärgerten. Wenn sie dann zur Abwechslung doch einmal gewannen, strichen sie das Geld ein, als sei es das Selbstverständlichste von der Welt. Es kam aber auch vor, daß sie in diesem Fall den Verlierer so lange hänselten und ärgerten, bis sich Gewinner und Pechvogel schließlich in den Haaren lagen, auf dem dreckigen Boden des Wartesaals herumwälzten und wütend aufeinander eindroschen.

Die Kriegsumstände brachten viele fremde und interessante Leute ins Dorf. Eines Tages brach ich mir den kleinen Finger, weil ich, als ich mit meinem Vetter Georg zum Futterholen fuhr, das Leitseil um die Hand gewickelt hatte und die Kuh, die den Wagen zog, in den Graben gesprungen war. Wahrscheinlich war sie mit ihrem neuen Fuhrmann nicht zufrieden gewesen. Ich brauchte dringend einen Arzt. Aber Dr. Pfuhler war wieder einmal bei einer Entziehungskur. Nach einer Kopfverletzung im Ersten Weltkrieg hatte man ihm eine Silberplatte in die Stirn eingesetzt, die, so erzählte man sich, ab und zu verrutschte. Er litt dann unter starkem Kopfweh und nahm, wie das ganze Dorf wußte, das viele Morphium, das er seinen Patienten verschreiben sollte, hauptsächlich selber ein. Die Praxis des Doktors hatte nun schon seit einigen Wochen eine uns bis dahin unbekannte Ärztin, Gertraud

Maas, als Vertreterin übernommen. Sie hatte eine kleine Tochter, war aber nicht verheiratet und redete mit den Leuten darüber, als ob das gar nichts Besonderes wäre. Sie schiente meinen Finger, ohne ihn richtig einzurenken, weil sie mir, wie sie sagte, nicht allzu weh tun wolle, wahrscheinlich aber gar nicht richtig wußte, wie sie es anstellen sollte, so daß ich auch nach über fünfzig Jahren immer noch an sie denke, wenn ich ihn knacken höre oder einen leisen Schmerz im Gelenk verspüre.

Die Ärztin unterhielt sich gerne mit mir, wenn ich zu ihr in die Sprechstunde kam. Ein paarmal war sie auch bei uns zu Hause, weil Maria, der man in Hindelang den Kropf wegoperiert hatte, eine Nachbehandlung brauchte. Eines Tages fragte Frau Maas meine Mutter, ob ich sie nicht manchmal begleiten könne, wenn sie im Auto auf die umliegenden Dörfer zu ihren Krankenbesuchen fahre. Meine Mutter hatte zwar nichts dagegen, traute aber dem Frieden nicht so richtig. Es gefiel ihr nicht, daß die Frau, wie sie sagte, etwas Nationalsozialistisches, Unchristliches und Heidnisches an sich hatte. Wie recht sie damit hatte, merkte ich, als die Ärztin bei unseren Fahrten in die Umgebung einmal in dem großen Wald zwischen Kirchberg und Gutenzell ihren Wagen parkte, mich dort auf eine Lichtung mit Lupinen und rotem und weißem Fingerhut führte und dann plötzlich in das Farnkraut warf. Ob es mir denn gar keinen Spaß mache, mit ihr ein bißchen herumzubalgen, fragte sie, als sie mein Gesicht sah. Ich wurde störrisch. Da merkte sie, daß es mich nicht besonders interessierte, mit ihr herumzuraufen, und ließ mich dann bei anderen Fahrten und Spaziergängen in Ruhe.

Einmal kam eine Nichte von ihr zu Besuch. Die war schon siebzehn, groß und blond und sehr nett und freundlich mit mir. Neben ihr kam mir die Tante, trotz ihrer rassigen Nase und ihrem sportlichen Gehabe, schon fast wie ein altes Weib vor. Bei der Nichte hätte ich nichts dagegen gehabt, wenn sie mich aufs Moos geschmissen hätte, um ein bißchen mit mir zu ringen. Aber selber damit anzufangen, als wir zusammen in einen Wald bei Rot an der Rot hineinspaziert waren, während die Tante ihre Krankenbesuche machte, wäre mir nie eingefallen. Ich wußte nicht so recht, wie man so etwas überhaupt anstellte. Außerdem war sie viel zu schön dafür. Als wir uns schließlich in einer Lichtung auf den Waldboden gesetzt hatten, überlegte ich mir, ob es ihr vielleicht gefallen würde, wenn ich sie irgendwo ein bißchen kitzelte, doch ich ließ es dann doch bleiben. Statt dessen fragte ich sie, ob sie auch meine, daß man in diesem Wald besonders viele Vögel singen höre. Sie gab mir recht. Dann wollte ich noch wissen, ob sie sie schon anderswo so schön habe singen hören. Ich freute mich sehr, als sie mir sagte, sie glaube wohl nicht. Das machte mir Mut, sie zu belehren, daß es sich wohl um Amseln handle. Aber dann gingen wir schon bald zu der Stelle, wo wir uns mit der Tante verabredet hatten.

Als ich nach Hause kam, war es später als gewöhnlich. Meine Mutter wollte unbedingt wissen, warum. Schließlich hätte ich ja die Maiandacht, an die ich bei den Amseln im Wald kein einziges Mal gedacht hatte, nicht versäumen dürfen. Ich redete mich mit den vielen Krankenbesuchen der Ärztin in den abgelegenen Einödhöfen heraus. Von der Nichte und den Vögeln, die in Rot an der Rot so besonders schön gesungen hatten, erzählte ich ihr lieber nichts.

Bei einer anderen Fahrt blieb die Ärztin einmal mit dem Auto mitten in einem Wald im Schnee stecken. Da kam ein französischer Kriegsgefangener in Uniform des

Wegs, der ein Kreuz auf seine Militärmütze gestickt hatte. Sie kannte ihn bereits. Das sei der Pfarrer der gefangenen Franzosen, erklärte sie mir, deshalb könne er frei herumlaufen. Mit ihrer und meiner Hilfe versuchte er das Auto anzuschieben. Vergeblich. Da ging er weg, um bei den Bauern im Dorf Hilfe zu holen. Franzosen, sagte sie, seien eben doch etwas Besonderes. Von denen könne mancher ungehobelte Deutsche etwas lernen. Das lasse sie sich nicht nehmen, obwohl sie bei der NSDAP und auch Mitglied von «Glaube und Schönheit» sei. Ich wußte zwar nicht genau, was «Glaube und Schönheit» für ein Verein war, verstand aber nur zu gut, daß dieser Glaube mit dem unseres Pfarrers nichts zu tun hatte und die Schönheit mehr oder weniger die von dem Mädchen war, das ich zufällig auf dem Blatt eines Kalenders entdeckt und heimlich abgerissen hatte, bevor es meiner Mutter vor Augen gekommen war. Ich hatte es zusammen mit einem Paßbild der schönen Doja, das Luitpold auf meinen Wunsch seiner Schwester geklaut hatte, in einer leeren Schuhschachtel auf dem Dachboden vor meiner Mutter versteckt. Dort schaute ich es mir oft und gern an, wenn niemand in der Nähe war. Das Mädchen stand ganz nackt mit einem Speer in der Hand am Meer. An ihrem zerzausten blonden Haar, das fast ihr ganzes Gesicht zudeckte, und an dem schräg liegenden Dünengras sah man, daß ein starker Wind blies. Die Matrosen und Fischer, das hatte ich einmal gelesen oder sagen hören, sprachen dann von einer steifen Brise. Ich spürte sie bis in Erolzheim, wenn ich das Kalenderblatt und das Paßphoto ansah.

Eines mußte man Frau Maas lassen. Wenn jemand ihre Hilfe brauchte, machte sie sich jedesmal so schnell wie möglich und bei Wind und Wetter auf den Weg. Das wußten die Leute, und sie rechneten es ihr hoch an, daß sie für jeden da war. Für einen richtigen Arzt sei das selbstverständlich, erklärte sie mir. Ob der Kranke Deutscher oder Russe, Parteimitglied oder Kirchgänger sei, das dürfe keine Rolle spielen. Ich wunderte und freute mich, wenn ich sie so reden hörte.

Im Auto hatte sie einen Roman von Honoré de Balzac, «Ein Landarzt», liegen. Ich solle ruhig darin lesen, wenn ich während ihrer Visiten auf sie warte. Ich fand das Buch ein wenig langweilig und sagte es ihr. Das finde sie überhaupt nicht, wies sie mich zurecht. Aber sie könne natürlich auch verstehen, daß mir in meinem Alter Abenteuerromane lieber seien oder auch Jugendbücher, und sie gab mir «Tom Sawyer» von Mark Twain mit nach Hause. Ich las in dem aus dem Amerikanischen übersetzten Band ohne großes Interesse ein bißchen herum und gab ihn ihr bald wieder zurück. Sie war etwas erstaunt.

Einmal fragte mich die Ärztin, ob mir denn Goethes «Faust» schon ein Begriff sei. Ich gab widerwillig zu, daß ich ihn nur vom Hörensagen kannte. Dem wolle sie abhelfen, sagte sie, indem sie flugs und ohne zu zögern ein Buch aus dem Regal zog, in dem das ganze Werk abgedruckt war. Da könne jeder etwas finden, versicherte sie mir, vielleicht sogar einer wie ich, dem es ja fast kein Schriftsteller recht machen könne. Sie wolle mir wenigstens eine der vielen berühmten Stellen vorlesen, nämlich die, wo der Herr mit Mephistopheles eine Wette abschließe. Wie sei es überhaupt denkbar, protestierte ich, als ich mir die Verse angehört hatte, daß sich Gott und der Teufel wie Gleichberechtigte miteinander unterhielten? Jedes Kind wisse schließlich, daß Luzifer für alle Ewigkeit tief unten in der Hölle und Gott oben im Himmel sei. Wenn Goethe nicht, wie mir der Pfarrer erklärt habe, ein Freimaurer gewesen wäre, hätte er wohl nie und nimmer solche Dinge geschrieben, bekam sie von mir zu hören. Da schaute sie mich an, als hätte sie von mir nicht die pure Wahrheit, sondern unsinniges Zeug eines eigensinnigen Schülers zu hören bekommen, um den sie sich vergeblich bemühte. Jetzt verstand ich meine Mutter, die mir gesagt hatte, ich solle trotz allem Respekt, den die Ärztin verdiene, bei allem, was die ihr nicht so recht begreifliche Frau tue und sage, immer auf meiner Hut sein.

In den Weihnachtsferien 1943/44 mußte die ganze Klasse zur Wehrertüchtigung in ein Lager in Birgsau bei Oberstdorf, um dort an einem Skikurs teilzunehmen. Ich freute mich sogar ein bißchen darauf, weil ich die Allgäuer Berge, die man an Föhntagen vom Kapellenberg in Erolzheim aus scharf umrissen und manchmal zum Greifen nahe vor sich sah, jetzt richtig kennenlernen sollte. Aber als wir dort waren, blieb nur wenig Zeit, sie in Ruhe anzuschauen. Ständig mußten wir hinter dem Ausbilder herstapfen, eine Anhöhe bergauf steigen oder Hänge hinunterfahren oder uns mit den Bindungen der Skier herumärgern, die immer wieder aufsprangen. Wir waren zwar in einem Hotel untergebracht, aber bei Nacht froren wir in den ungeheizten Räumen unter der Decke derart, daß wir fast stündlich aufwachten. An einem Abend machte einer den Vorschlag, die Temperatur durch ein Wettfurzen anzuheben. Alle waren einverstanden. Ein Schiedsrichter wurde ernannt. Er sollte aufpassen, daß bei der Auszählung nicht gemogelt wurde. Wer es bis zu hundert Fürzen brachte, wurde mit einem laut gejohlten «Hoch, hoch, dreimal hoch» als Sieger gefeiert.

Die Mahlzeiten im großen Saal wurden jeweils durch einen Tischspruch eröffnet und durch einen weiteren beendet. Statt «Segne, o Herr, diese Speise» oder «Komm,

Herr Jesus, sei unser Gast» hieß es jetzt: «Ein jeder fresse, was er kann: / Alle Mann ran!» oder: «Attila, der Hunnenkönig, / fraß zuviel und schiß zuwenig. / Deshalb starb er nicht im Kampfe, / sondern an 'nem Magenkrampfe». Wer von Dingen redete und dichtete, die mit Fressen und Saufen zu tun hatten, wurde von allen belobt und beklatscht, aber einer, der den Spruch «Nach dem Essen soll man rauchen / Oder eine Frau gebrauchen» aufsagte, wurde von dem Ausbilder streng zurechtgewiesen.

Wenige Wochen später wurden diejenigen in unserer Klasse, die 1928 geboren waren (es war die Mehrzahl), zum großen Teil als Flakhelfer eingezogen und anschließend nach Augsburg abgeordnet. Dort starb bei dem großen Luftangriff am 24./25. Februar 1944 mein Memminger Banknachbar Heinz Karg. Er war Sohn eines Schreiners aus Tannheim. Da er sich später auf den Schulweg machen konnte als ich von Erolzheim aus, hatte er meistens noch Zeit, die letzten Nachrichten von Radio Beromünster zu hören, deren wichtigste Neuigkeiten er mir zuflüsterte, sobald wir uns unbeobachtet glaubten.

Von der Beerdigung auf dem Tannheimer Friedhof und dem Requiem in der Kirche sind mir neben seiner weinenden Familie die Klassenkameraden, die ihn zu Grabe trugen, in Erinnerung. Sie sahen in ihren Uniformen und Stahlhelmen so anders aus, daß man sie fast nicht wiedererkannte.

Nach mehr als einem halben Jahrhundert ist mir kaum eine Erinnerung an das Aussehen, an die Gesichtszüge von Heinz Karg verblieben. Dies gilt jedoch nicht für die mit ihm verbrachten Stunden und die mit ihm geführten Gespräche im Anschluß an den Austausch der neuesten Nachrichten von den Kriegsschauplätzen. Um so unbegreiflicher schien es mir, daß gerade er als einziger der zu den Flakhelfern eingezogenen Schüler unserer Klasse bei dem Luftangriff auf Augsburg tödlich getroffen wurde. Die Geschlossenheit meines religiösen Weltbilds, das bereits zuvor Sprünge und Risse erhalten hatte, ist damals zerbrochen. Wie war es möglich, daß gerade mein Freund starb, wenn Gott, wie ich doch zuversichtlich geglaubt hatte, allwissend, allmächtig und allgütig war? Auch der Pfarrer, der die Predigt hielt, wußte keine Antwort und mahnte die Gläubigen, sich in den unerforschlichen Ratschluß des Herrn über Leben und Tod zu fügen. Mir gelang es nicht, die Mahnung zu befolgen. Vom Bittsteller wurde ich zum Fragesteller. Als Folge wurde im Lauf der Jahre aus dem Glauben meiner Kindheit am Ende eines langen und keinesfalls linearen Prozesses eine inhaltsleere Hülse, wurde der persönliche Gott, mit dem ich groß geworden war, zu einem kaum noch wahrnehmbaren Schemen.

Im Sommer 1944 wurde ich von meiner Mutter auf vierzehn Tage zu Tante Frida nach Füramoos geschickt, um ihr beim Tannenzapfen- und Reisigsammeln im Wald zu helfen. Es muß im Juli gewesen sein, weil im Radio ständig Sondermeldungen über das Attentat von Schenk von Stauffenberg und anderen Offizieren auf Hitler kamen. Nach dem Scheitern des Anschlags wurden sie fast alle aufgehängt oder erschossen. Damit war die Hoffnung auf ein baldiges Ende des Krieges vorerst zerschlagen.

Tante Frida lebte zusammen mit einer aus der Schweiz stammenden Gichtkranken in einem kleinen Häuschen, das ihr diese überschrieben hatte, weil sie nun schon viele Jahre von ihr gepflegt wurde. Die Beete des Gartens waren voll mit Blumen. Die Latten des Zauns, der das kleine Anwesen gegen die Straße hin abgrenzte, waren bunt und sorgfältig gestrichen. Im Obst- und Gemüsegarten stand ein Geflügelstall, in dem ich jeden Tag ein paarmal nachsah, ob schon wieder eine Henne gelegt hatte.

In die Kirche ging Tante Frida, obwohl sie sehr fromm war, fast nie, weil sie auf die Kranke aufpassen mußte, die den ganzen Tag über in ihrem Rollstuhl saß, in den sie jeden Morgen mit Hilfe einer Bekannten aus der Nachbarschaft hineingehoben wurde. Die half am Abend auch, sie wieder ins Bett zu legen. Ich war froh, daß ich dann immer vom Haus weg in den Garten, in den Hühnerstall oder zu einer Besorgung ins Dorf geschickt wurde. Die Tante aber meinte, sie müsse sich deshalb bei mir entschuldigen, und erklärte mir in der Küche, das müsse ich verstehen: Theres, so hieß die Kranke, sei eben sehr genant.

Oft verbrachten die beiden Frauen die Abende, indem sie Rosenkränze miteinander beteten. Da blieb mir, mochte ich auch keinerlei Lust dazu haben, nichts anderes übrig, als ebenfalls mitzumachen. Die Leute im Dorf glaubten nämlich, daß die Rosenkränze von einer Kranken, die ihr großes Leiden mit so viel Geduld ertrage, für die Armen Seelen besonders wertvoll seien, und baten deshalb Fräulein Theres, wenn sie einen kurzen Besuch bei ihr machten, diesen Dahingeschiedenen oder jene Heimgegangene in ihr Gebet einzuschließen. Manchmal, besonders wenn sich der Jahrestag ihres Todes näherte, gaben sie bei ihr sogar einen ganzen Rosenkranz in Auftrag und zeigten sich dann durch kleine Geschenke oder Aufmerksamkeiten erkenntlich.

Jedesmal, wenn ich von draußen ins Haus zurückkam, mußte ich sorgfältig die Schuhe abstreifen und danach in einer gleich neben dem hinteren Eingang stehenden Schüssel, neben der ein Krug mit frischem Wasser war, die

Hände waschen und dann noch an einem Handtuch abtrocknen, auf das «Reinlichkeit sei meine Freude» gestickt war. Meine Mutter achte auch auf Sauberkeit, maulte ich, als die Tante mich wieder einmal fragte, ob ich die Hände gewaschen hätte, als ich vom Hühnerstall zurückkam, aber alles könne man schließlich übertreiben. Das sehe man schon daran, daß ich gestern, ich hätte nämlich genau mitgezählt, 27mal die Hände gewaschen hätte. Das gehe vielleicht doch zu weit. Keineswegs, belehrte sie mich, aber nicht jeder habe eben wie sie jahrelang im Krankenhaus in Söflingen bei Ulm als Krankenschwester gearbeitet. Ja, ob ich denn als einer, der studiere, nicht wisse, wieviel Bakterien unsichtbar in der Luft herumflögen, die nur darauf warteten, einen mit einer Krankheit anzustecken?

Und damit ich mit eigenen Augen sehen konnte, daß sie von Gesundheit und den alle ständig bedrohenden Leiden und Gebresten mehr verstand als Leute, die nicht wie sie im Krankenhaus in Söflingen gearbeitet hatten, aber auch damit ich als zukünftiger Student etwas zum Anschauen bekam, was meine Neugierde wecken sollte, brachte sie mir einmal ein Glas, in dem sich in einer ekligen Flüssigkeit etwas Unappetitliches ringelte. Das sei ihr Blinddarm, erklärte sie. Mich würgte es. Ja, ob mich denn die Medizin als Wissenschaft gar nicht interessiere, fragte sie, als sie mein Gesicht sah, schließlich habe Gott auch den Blinddarm erschaffen, obwohl er freilich, wie sie zugeben müsse, nicht gerade besonders wichtig sei.

An meinem geringen Interesse für ihren Blinddarm, lachte die Tante, sehe sie, daß es sich trotz meines lobenswerten zupackenden Fleißes beim Holzsammeln und dem Heimtransport vom Wald nach Hause auf dem Leiterwägelchen bei mir eher um einen Bücherwurm als um ein den praktischen und greifbaren Dingen zugewandtes Temperament handle. In diesem Fall habe sie etwas für mich, nicht in Spiritus aufbewahrt, sondern gehörig auf Papier gedruckt und ordentlich eingebunden, nämlich «Die Göttliche Komödie», die ihr einmal von einer Patientin in Söflingen geschenkt worden sei, weil Dante, der sie geschrieben habe, der berühmteste katholische Dichter sei. Die Tante ging für einen Augenblick aus dem Zimmer und kam schon bald mit dem Buch wieder. Es handelte sich um eine rhythmisierte deutsche Prosazusammenfassung der hundert Gesänge. Einige Illustrationen des mir bislang unbekannten Gustave Doré vermittelten ein Bild besonders berühmter Episoden von Dantes Jenseitsreise, seinen Begleitern und seinen Begegnungen. Die Tante freute sich, daß ich gar nicht genug davon bekommen konnte, in dem Werk herumzublättern und herumzulesen. Besonders beeindruckt war ich vom Grafen Ugolino, der sich, selber verdammt, in der Hölle an Bischof Ruggeri von Pisa rächt, weil er von ihm mit seinen beiden kleinen Söhnen kaltherzig in einen Hungerturm eingemauert worden war. Über ihn gebeugt, nagt er an dem Schädel des Bösewichts: «Und immer wieder haut er ein die Zähne gleich einem Hund, wenn er zermalmt den Knochen.»

Die in jenen Tagen vom Radio verbreiteten Nachrichten über die Hinrichtung der Offiziere und Persönlichkeiten, die in das Attentat gegen Hitler verstrickt waren, bildeten den zeitgeschichtlichen Hintergrund, vor dem ich mich im oberschwäbischen Abseits in die Lektüre dieser ähnliches Entsetzen verbreitenden und Alpträume verursachenden Szenen vertiefte.

Eines Tages, als Theres bei schönem Wetter einen Rosenkranz betend im Freien saß, fragte mich die Tante, ob ich denn die andere Leidensblume, die auch Theres heiße und in Konnersreuth lebe, kenne. Natürlich wußte ich von ihr. Ich hatte auch davon gehört, daß die mit den Wundmalen Jesu stigmatisierte Theres von Konnersreuth schon seit Jahren nur die Kommunion zu sich nehme. Nein, ihre Theres, die von Füramoos, esse bis jetzt zwar ganz normal, wie ich ja täglich sehen könne, aber wenn sie bei ihrer himmlischen Geduld in ihren Leiden eines Tages heiliggesprochen würde, müsse man sich trotzdem nicht wundern, es habe schließlich auch andere später kanonisierte Personen gegeben, die nicht nur von Hostien gelebt hätten.

Unser vertrauliches Religionsgespräch wurde durch einen unerwarteten Donnerschlag und ein von der zu Tode erschrockenen Kranken gleichzeitig verzweifelt ausgestoßenes «Frida, Frida» unterbrochen. Wir liefen schnell zu ihr hinaus. Sie streckte uns angstverzerrt ihre rosenkranzumschlungenen knotigen Hände entgegen. Wir suchten sie zu beruhigen, als wir sie ins Haus zurückbrachten. Ich wunderte mich ein wenig, daß die Leidensblume von Füramoos sich so sehr davor fürchtete, vom Blitz erschlagen zu werden, obwohl sie doch wirklich kein beneidenswertes Leben fristete und, wie mir scheinen wollte, bei allem, was sie schon hienieden Tag für Tag auszustehen hatte, wohl unbesorgt vor ihren göttlichen Richter treten konnte. Das sei schon richtig, meinte auch die Tante, aber das müsse ich wissen: Wenn man vor etwas Angst habe, könne man mit vernünftigen Überlegungen bei sich, wie auch bei anderen, nicht allzuviel ausrichten.

Im Februar oder März 1945 wurden auch wir in Erolzheim wie alle anderen Buben des Jahrgangs 1929 gemustert. Der Bürgermeister Schmid hatte uns ein paar Tage vor dem Termin alle ins Rathaus gerufen und uns eingeschärft, wir sollten uns vor diesem wichtigen Tag ordentlich waschen und, wenn irgend möglich, baden oder duschen. Er wolle von den mit der Musterung beauftragten Herren keine Klagen darüber hören, daß in seiner Gemeinde einige mit unausgemisteten Schwalbennestern in den Achselhöhlen vor der Kommission erschienen seien.

Da standen wir nun in dem großen Saal der Wirtschaft «Zum Adler» splitternackt in Reih und Glied nebeneinander vor den Militärärzten, die darüber zu befinden hatten, ob wir tauglich dazu waren, in den nächsten Wochen eingezogen und an die Front geschickt zu werden. Da ich fest davon überzeugt war, daß das Kriegsende nicht mehr fern sei, antwortete ich der Einfachheit halber auf die Frage des mich untersuchenden Arztes, bei welcher Waffengattung ich denn dienen wolle, Infanterie. Nein, die komme für mich nicht in Frage, wegen des von ihm festgestellten Herzfehlers, der wohl auf meine Diphterie zurückzuführen sei. Ich sei daher leider nur «bedingt kriegsverwendungsfähig». Er rate mir zur Artillerie, die sei motorisiert, da bekomme man weniger Herzklopfen, weil man nicht so viel herumzumarschieren brauche. Mir war es recht.

Der zwei Tage vor mir geborene Albert Fick, der als Bäckerlehrling bei Brechtenbreiter arbeitete, stand schmächtig und blaß vor mir und wurde von der Kommission, die wahrscheinlich nur selten einen so wenig kriegsverwendungsfähigen Rekruten gemustert hatte, ohne Umstände um ein ganzes Jahr zurückgestellt, weil man ihm schon auf den ersten Blick ansah, daß er sogar unter einem leeren Tornister eingeknickt und zusammengebrochen wäre. Albert wurde dann bald nach der Musterung bettlägerig. Bei meinen gelegentlichen Besuchen bei ihm entschuldigte er sich jedesmal, wenn er seiner ständigen Hustenanfälle nicht mehr Herr wurde. Er ist dann bald nach Kriegsende gestorben.

Kurz vor Ostern 1945 mußten alle Buben vom Dorf in meinem Alter, die noch nicht eingezogen waren, nach Biberach ins Volkssturmlager. Wir fuhren mit der Reichspost zur Kreisstadt und hatten am Abend noch Zeit, den Film «Immensee» anzusehen. Über den wurde damals viel geredet, weil er in Farbe war, aber vor allem, weil in dem Film die berühmte Kristina Söderbaum, wie man erzählte, ohne Badeanzug in einem See herumschwimme. Wir wußten, daß man sie die Reichswasserleiche nannte, da sie in den meisten Filmen, in denen sie spielte, am Schluß tot aus einem Weiher oder Bach gefischt wurde. Aber «Immensee» war für uns alle ein richtiger Reinfall, weil wir am Schluß aus dem Kino kamen und doch keiner so recht wußte, ob er die Badende nun nackend gesehen hatte oder ob es bloß das Wasser zwischen den Teichrosen und dem Seegras gewesen war, das so geglitzert hatte, als sei unter ihm eine Frau ohne Badeanzug.

Am nächsten Tag hatten wir uns auf dem Gigelberg alle in Reih und Glied aufzustellen, und jeder mußte dann in einem nahen Gebäude allein in einem Zimmer vor einen Tisch treten, hinter dem einige Leute von der SS saßen, die jeden fragten, warum er sich nicht schon längst freiwillig bei ihnen gemeldet habe. Da hieß es aufpassen, daß man nichts Falsches sagte, zum Beispiel, daß es der Vater oder sonst jemand von der Familie nicht wolle. Dann grinsten die hinter dem Tisch nämlich und sagten, man brauche sich deshalb keine Sorgen zu machen. Sie hätten schon die richtige Methode, um die Leute und auch nächste Verwandte davon zu überzeugen, daß es eine ganz besondere Ehre sei, bei der Waffen-SS aufgenommen zu werden. Mancher kam aus dem Raum und weinte, weil er unterschrieben hatte, er melde sich freiwillig, obwohl er sich fest vorgenommen hatte, es auf keinen Fall zu tun, und nun nicht wußte, wie er es daheim erzählen sollte. Ich hatte Glück. Ich antwortete dem SS-Mann, der mich fragte, warum ich mich immer noch nicht freiwillig bei ihnen gemeldet hätte, ich wolle bei der Wehrmacht dienen, bei der auch mein Bruder gewesen sei. Da meinten sie wohl, Josef, der, was sie nicht wissen konnten, schon seit eineinhalb Jahren als Kriegsgefangener in Amerika war, sei gefallen. Sie drangen nicht weiter in mich und ließen mich laufen. Aber vielleicht taten sie es auch, weil sie auf dem Papier, das mir nach der Musterung ausgestellt worden war, gesehen hatten, daß ich nur «bedingt kriegsverwendungsfähig» war.

Am nächsten Tag – war es Karfreitag, Karsamstag oder gar Ostern? – stand ich mit der gesamten Hitlerjugend aus dem Kreis Biberach auf dem Gigelberg und wurde wie die anderen von Uniformierten mit «rechts um!», «links um!» und «im Gleichschritt, marsch!» herumkommandiert. Fahnen wurden geschwenkt und gehißt, Lieder wurden gesungen, manche, die wir, seitdem wir vierzehn waren, schon bei den allwöchentlich zu besuchenden Heimabenden der Hitlerjugend in der Schule in Erolzheim geübt hatten, waren so feierlich, als wäre man in der Kirche: «Heilig Vaterland, in Gefahren, / deine Söhne sich um dich scharen».

Als wir endlich wegtreten durften, teilte man uns zu einer großen Geländeübung ein, und wir mußten uns auf den Weg in ein Dorf westlich von Biberach, nicht weit von Buchau am Federsee, machen, wo wir todmüde bei Bauern im Heu ihrer Stadel übernachteten. Mitten in der Nacht wurden wir mit Trillerpfeifen geweckt und dann wieder irgendwohin in Marsch gesetzt. Zum Glück war es ein schon fast milder Frühlingstag, der sich ankündigte.

Am Morgen übernahm uns Fünfzehn- und Sechzehnjährige ein besonders widerlicher Uniformierter (ich erinnere mich nicht, ob er Soldat oder Unteroffizier oder Offizier war und ob er der Wehrmacht oder der Waffen-SS angehörte) auf dem langen Rückmarsch nach Biberach. Er beschimpfte uns als lahmen Haufen, dem er Beine machen wolle, und befahl uns, das Lied vom Sturmsoldaten zu singen. «So, das kennt ihr nicht, obwohl es doch eines der schönsten ist? Ich singe es euch jetzt einmal vor, und dann dürft ihr im Kreis herummarschieren, bis ihr es könnt, umfallt oder meinetwegen auch krepiert.» Er hockte sich auf die Böschung einer buckligen Erhöhung im Gelände, zischte grinsend, er habe unendlich viel Zeit, um uns sein Lieblingslied beizubringen, wir sollten nun mal schön die Ohren spitzen, damit wir Text und Melodie auch richtig kapierten: «Wenn der Sturmsoldat ins Feuer geht, / Dann hat er frohen Mut, / Und wenn das Judenblut vom Messer spritzt, / Ja, Messer spritzt, / Dann geht's nochmal so gut.»

Da ich einige Tage lang keine Nachrichten gehört hatte, freute ich mich nicht wenig, als der Biberacher Bannführer, bevor er uns wieder in die Freiheit entließ, in seiner Rede sagte, der Feind sei jetzt bereits bis nach Bad Mergentheim, also in unsere geliebte württembergische Heimat, vorgedrungen, jetzt solle keiner von uns auch nur noch einen Augenblick zögern und sich daheim sofort zum Volkssturm melden.

Es war bereits Nachmittag, als ich mit meinem Vetter Bruno wieder auf dem Gigelberg stand, wo wir uns beide fragten, wie wir nun noch bis nach Erolzheim kommen sollten. Da man in einer Stunde fünf oder, wenn es drauf ankomme, auch sechs Kilometer gehen könne, seien die 26 Kilometer bis nach Erolzheim in fünf Stunden zu schaffen, sagte ich zu meinem Vetter, der bei seinem Vater in der Lehre war und später die Schreinerei übernehmen sollte, weil sein Bruder Josef gefallen war. Bruno war anderer Meinung. Er rechnete nicht so schnell wie ich, dafür aber genauer. Ich solle bedenken, daß man um so langsamer vorankäme, je länger man auf den Beinen sei. Ob ich denn nicht auch wie er von der Marschiererei der letzten Tage schon die Füße voller Blasen hätte? Doch, das hatte ich. Das werde uns nicht helfen, den weiten Weg schneller zurückzulegen. Es gelte, die Zähne zusammenzubeißen und möglichst gleichmäßig zu gehen. Aufgeregtes Losrennen sei sinnlos.

Auf einmal begegnete uns auf der inzwischen dunklen Straße zwischen Ringschnait und Ochsenhausen der fast gleichaltrige Willi Ott aus unserer Nachbarschaft, mit dem wir als Kinder bei unseren Spielen viel im Wald herumgerannt waren. Er war mit abgedunkelter Fahrradlampe auf dem Weg nach Biberach und fragte uns, ob wir es denn schon wüßten, daß meine Schwester Maria nach Hause gekommen sei, weil jetzt die Flakhelferinnen, zu denen sie einige Monate zuvor eingezogen und mit denen sie in der Nähe von Mannheim eingesetzt worden war, überall heimgeschickt wurden; jetzt hätten nämlich sogar die Dümmsten und Verbohrtesten begriffen, daß der Krieg verloren sei. Willis Mutter wußte es wohl schon länger. Das hatten wir gemerkt, als er in einem der letzten Kriegssommer am Wehr in Bechtenrot, wohin wir manchmal zum Baden gingen, auf einmal eine komische neue schwarzrote Badehose trug. Wo er die denn herhabe, wollten wir damals wissen. Da es keinen neuen Stoff zum Kaufen mehr gegeben habe, sei sie von seiner Mutter für ihn aus der Fahne zusammengeschneidert worden, hatte er erklärt. Das Tuch, das sie auch für seine Schwester benutzt habe, sei bei ihm aber schon so wenig gewesen, daß sie rechts auf der Hinterbacke ein Stück vom Hakenkreuz habe vernähen müssen, hatte er gelacht, war aufgestanden, hatte sich einen Klaps auf die erwähnte Stelle gegeben und war ins Wasser gesprungen.

Was Willi von Maria erzählte, das freute mich noch mehr als die Nachricht, daß die Amerikaner bereits in Bad Mergentheim waren. Jetzt wollte ich unbedingt die noch fehlenden vierzehn Kilometer bis nach Erolzheim hinter mich bringen, ohne mich zuvor mit Bruno zum Ausruhen an den Straßenrand zu legen, um dort ein Nickerchen zu machen. Mein Vetter mahnte zur Langsamkeit, da das von mir eingeschlagene Tempo von uns höchstens eine halbe Stunde aus- und durchzuhalten sei. Er hatte recht.

«Jetzt fehlt nur noch Josef», sagte meine Mutter, als ich sie, Maria und Else lange nach Mitternacht durch Rufen und Klopfen geweckt hatte. «Der kommt schon auch noch», trösteten wir sie, «er ist ja bei den Amerikanern, und die schicken ihn sicher bald wieder heim.»

Umsturz: Berufe und Berufungen

In Erolzheim verlief alles glimpflich, als die Amerikaner, von Edelbeuren her kommend, mit Panzern und anderen Fahrzeugen im Dorf eintrafen. Um ein Haar hätte aber die Kindergärtnerin von auswärts, die erst seit ein paar Monaten da war und die keiner so recht kannte, noch alles versaut, als sie von den Schallöchern des Kirchturms, aus denen man eine weiße Fahne gehängt hatte, diese wieder herunterholen wollte. Im letzten Augenblick wurde sie aber noch erwischt, und sie konnte von Glück sagen, daß sie nicht auf den Kirchplatz hinuntergeworfen und bloß die Sprossen der Turmleiter hinab- und auf Nimmerwiedersehen aus dem Glockenhaus hinausgejagt wurde.

Denn daß auch die Amerikaner keinen Spaß verstanden, das hatte in Edelbeuren die Familie des Bauern Schlager in nur allzu trauriger Weise erleben müssen. In dessen etwas vom Ort abgelegenem Hof hatten sich einige versprengte SS-Leute versteckt. Wie gerne hätte der Bauer die ihn bedrohenden ungebetenen Gäste weggeschickt, aber was sollte er schon machen? Als die Amerikaner die Flüchtigen entdeckten und gefangennahmen, machten sie kurzen Prozeß und erschossen den armen Mann vor den Augen seiner entsetzten Frau und seiner weinenden Kinder.

Nicht weit von Edelbeuren, in dem nur wenige Kilometer entfernten Gutenzell, war es in den letzten Kriegstagen am schlimmsten zugegangen. Zuerst waren Franzosen mit ihren marokkanischen Hilfstruppen ins Dorf eingedrungen. Die hatten auch hier, wie an vielen anderen Orten, Häuser geplündert und Frauen und Mädchen vergewaltigt. Schon bald nach ihnen kamen dann die Amerikaner, die aber von versprengten deutschen Soldaten auf dem Rückzug in Gefechte verwickelt wurden, so daß am Ende zwei Dutzend Tote, darunter auch Siebzehn- und Achtzehnjährige, auf Straßen, Plätzen und Feldwegen liegenblieben. Wir hatten also in Erolzheim wirklich mehr Glück als Verstand gehabt, daß es keine aufregenden Zwischenfälle gegeben hatte, obwohl auch bei uns an Panzersperren gearbeitet worden war. Die taugten, wie man wußte, sowieso zu nichts anderem, als die einmarschierenden Truppen erst recht wild zu machen.

Mit Onkel Josef und seinen Söhnen (der nun schon zum zweiten Mal an der Ostfront verwundete Reinhold kam noch rechtzeitig aus dem Lazarett in Lindenberg im Allgäu nach Hause) hatte ich in den Tagen vor Kriegsende am Waldrand hinter unserem Haus einen mehrere Meter langen Graben als Unterstand ausgehoben. Als ehemaliger Pionier hatte er sorgfältig darauf geachtet, daß der Unterschlupf mit Bohlen und Brettern aus seiner Werkstatt richtig verschalt wurde. Sonst wären wir nämlich alle elend erstickt und lebendig begraben worden, wenn in der Nähe ein Geschoß eingeschlagen hatte. Aber die einzige Granate, die sich nach Erolzheim verirrte, traf nur ein altes, fast baufälliges Haus. Wir hatten also umsonst geschwitzt und geschuftet. Aber es war wohl gescheiter, sich darüber zu freuen, als sich deshalb zu ärgern. Wir hockten alle mit ein paar Nachbarn im Unterstand, als wir den Knall der Granate hörten. Die Frauen fingen laut an zu beten. Ich zitterte. Aber als weitere Explosionen ausblieben und der erste Schrecken verflogen war, sagte unsere Mutter in einer Gebetspause auf einmal zu meinen Schwestern und zu mir gewandt: «Kinder, falls mir etwas zustoßen sollte: Unsere Steuernummer ist 13 / 83.» Sie vergaß auch nicht, uns einzuschärfen, daß 13 und 83 durch einen Querstrich getrennt seien. Wir hänselten sie später noch oft mit ihrer damaligen Reaktion, und sie lachte mit uns. Wenn ich aber den Spott so weit trieb, daß ich auch noch das Lied «Üb' immer Treu und Redlichkeit / Bis an dein kühles Grab» anstimmte, dann verbat sie sich weitere Neckereien, indem sie bei dem Vers «Und weiche keinen Finger breit von Gottes Wegen ab» selber auch mitsang.

Niemand wußte so recht, wie alles weitergehen sollte. Wann und ob überhaupt die Schulen wieder aufmachen würden, das konnte vorerst keiner sagen. Es stimmte zwar, daß es ganz bestimmt gut war, zu einem Beruf auch eine Berufung zu spüren, aber jetzt mußte man froh sein, wenn man überhaupt irgendwo unterkam und Beschäftigung und Arbeit fand. Damit ich nicht auf die schiefe Ebene und auf dumme Gedanken kam, weil Müßiggang gerade auch in Zeiten, wie wir sie erlebten, nach wie vor aller Laster Anfang war, setzte mich meine Mutter zu dem alten Herrn Ribicki auf die Brücke in der Werkstatt und zu ihm an die Werkbank. Der war durch Vermittlung einiger wegen der Bomben im Ruhrgebiet nach Erolzheim evakuierter Frauen zu uns gekommen. Er wußte vor lauter Arbeit nicht mehr aus und ein. Ich sollte ihm dabei helfen, den Berg alter Rindlederschuhe, der sich angesammelt hatte, durch das Aufnähen von Riestern etwas wegzuarbeiten. Der alte gebürtige Pole, der fast immer guter Laune war, an Sonn- und Feiertagen sehr ordentlich gekleidet mit uns zur Kirche ging, aber mir auch gerne unanständige Witze erzählte, wenn meine Mutter außer Hörweite war, brachte mir zunächst einmal richtig bei, wie man aus Hanf und Pech den zum Riester-Annähen erforderlichen Draht machte. Meinem Vater hatte ich nur zum Spaß manchmal dabei geholfen.

Meine Mutter war nicht ganz glücklich, mich auf der Brücke bei dieser Arbeit zu sehen, zumal man jetzt, wo der Krieg zu Ende war, vielleicht doch darauf hoffen durfte, daß Josef aus der Gefangenschaft in Amerika zurückkommen und dann alles wieder seinen alten Gang nehmen werde. Sie tröstete mich und sich aber damit, daß man ja nie wissen könne, wofür es gut sei, wenn man etwas gelernt habe, denn Handwerk habe allemal einen goldenen Boden.

Doch dann kam sie eines Morgens ganz aufgeregt von der Kirche und erinnerte zuerst einmal daran, daß es mit dem Sprichwort «Kommt Zeit, kommt Rat» und mit dem Lied «Oh, mein Christ, laß Gott nur walten» schon seine Richtigkeit habe. Seit einigen Tagen las nämlich, während Pfarrer Angele am Hochaltar zelebrierte, an einem der beiden Seitenaltäre ein Geistlicher mittleren Alters mit vielen Zahnlücken ebenfalls eine Heilige Messe. Mit dem hatte sie auf Anregung und durch Vermittlung des Pfarrers gesprochen. Der fremde Herr habe ihr erzählt, er komme aus dem Konzentrationslager in Dachau, stamme aus der Diözese Aachen, könne sich aber vielleicht noch längere Zeit nicht auf den Heimweg machen, weil ja noch keine Züge fuhren, er auch nicht genau wisse, was von seiner Pfarrei nach den vielen Bombenangriffen in der Gegend noch übriggeblieben sei, und er der Strapaze eines Fußmarschs bis dorthin nicht gewachsen wäre. Er wäre daher froh, wenn er nach den schlimmen Erfahrungen, die er in Dachau gemacht habe, in dieser für ihn toten Zeit ein paar junge Leute in Latein unterrichten könne, um wieder auf andere Gedanken und zu ein bißchen Taschengeld zu kommen. Meine Mutter hatte auch schon mit der mit ihr befreundeten Mutter von Max Röhrle, bei der ich jeden Abend einen halben Liter Milch abholen durfte, darüber gesprochen.

Max und ich lernten mit dem fremden Geistlichen nun im Gartenhäuschen des Pfarrers fleißig Latein. Obwohl wir natürlich nicht alles verstanden, sprach er es sogar manchmal mit uns, aus alter Gewohnheit, wie er sagte. Im Lager, erzählte er, hätten sich die vielen dort inhaftierten Geistlichen aus aller Herren Länder am liebsten und am besten auf Latein unterhalten, und das habe bei der Verständigung untereinander auch ganz gut funktioniert. Über Dachau und über das, was er dort erlebt und gesehen hatte, wollte er nicht reden, als er von uns danach gefragt wurde. Später könne er es vielleicht, aber jetzt seien die Erinnerungen daran noch zu frisch. Ich wußte zwar nichts Genaues und keine Einzelheiten über Dachau. Aber der Name war mir schon seit Jahren bekannt. Dort würden Regimegegner zur Vernunft gebracht, hatten die einen geprahlt und gedroht. Dort versuche man, den Widerstandswillen der Gefangenen mit allen Mitteln zu brechen, hatten andere in verklausulierten Andeutungen zu erkennen gegeben. Diejenigen, die ihre Ohren nicht verstopft hatten, waren also über die in Dachau und in anderen Lagern begangenen Verbrechen, die jetzt allmählich bekannt wurden, nicht überrascht. Freilich hatte man über ihr erst jetzt bekannt werdendes, im wahrsten Sinn des Wortes unvorstellbares Ausmaß kaum nähere Kenntnis haben können.

Einmal gingen wir mit dem fremden Geistlichen zu Fuß bis nach Hürbel, wo er einen beim dortigen Pfarrer wohnenden ehemaligen Mithäftling besuchen wollte. Auf dem Weg begegnete uns ein recht gut gekleideter Mann, der schon von weitem leutselig und sich tief verneigend

«Grüß Gott, Hochwürden» sagte, als er den schwarzen Anzug und den weißen Kragen unseres Lateinlehrers sah. Da der auf uns Zuschreitende aber zum «Grüß Gott, Hochwürden» auch den Arm gehoben und ausgestreckt hatte, als wolle er «Heil Hitler» sagen, und sich dann schleunigst am Hinterkopf kratzte, um seinen Ausrutscher zu vertuschen, verhöhnte ihn der Angeredete beim Vorbeigehen: «Mit der Zunge und der Verbeugung klappt es schon recht gut, mit der Umstellung beim rechten Arm noch nicht so richtig.» Der Verspottete lief weiter, als sei er keinem katholischen Geistlichen, sondern dem leibhaftigen Gottseibeiuns begegnet.

Als der ehemalige Dachau-Häftling wieder weggezogen war, fuhren Max und ich ein paarmal in der Woche mit dem Fahrrad nach Berkheim zu dem sehr tüchtigen Aprell, der früher in der Klosterschule in Weingarten unterrichtet hatte. Für wenig Geld lernten wir bei ihm viel und gut Latein, und er zeigte uns, daß Sprachenlernen keine Hexerei war, wenn man den richtigen Lehrer hatte.

Schließlich erhielten wir auch noch Unterricht bei Nickol, einem Mathematik- und Physiklehrer, der aus dem zerbombten München mit seiner Familie nach Gutenzell, dem Heimatdorf seiner Frau, gekommen war. Sie wohnten im früheren Klostergebäude, wo die Forstverwaltung und gleich daneben auch das Pfarrhaus untergebracht waren. Als dann die Amerikaner ihre Atombomben auf Hiroshima und bald danach auf Nagasaki abgeworfen hatten, erklärte uns Nickol, wie sie funktionierten. Max verstand es viel besser als ich, wie ich an seinen Fragen merkte. Diese Bombe, sagte unser Lehrer, sei zwar furchtbar und schrecklich für alle, aber vielleicht könne man gerade deshalb hoffen, den Leuten werde jetzt endlich die Lust zum Kriegführen ein für allemal vergehen.

Fast alle bedauerten es, als die Amerikaner im Sommer 1945 aus Erolzheim abzogen, waren wir doch davon überzeugt, daß sie als Sieger das kleinste Übel waren. Aber da die Besatzungszonen neu aufgeteilt worden waren, wurde nun der ganze Kreis Biberach den Franzosen unterstellt. Was die im Schilde führten, das wußte keiner so richtig. Man erzählte sich, daß sie sogar Siebzehn- und Achtzehnjährige, die als Flakhelfer eingesetzt oder zum Volkssturm eingezogen worden und arg- und ahnungslos zu ihren Familien zurückgekehrt waren, wieder gefangengenommen und zum Wiederaufbau oder zur Arbeit in Bergwerken nach Frankreich abtransportiert hatten, wohin und auf wie lange, darüber wußte zunächst keiner Genaueres zu berichten.

Als kleiner Bub war ich oft mit den Kindern aus der Nachbarschaft im Kreis herummarschiert und hatte mit ihnen immer wieder im Takt «Franzosa, / Mit de rote Hosa, / Mit de blaue Kittel, / Ihr seid reachte Dippel» geschrien. Beim Abendessen fragte mich mein Vater einmal, wann wir denn von dem dummen Zeug, das wir nun schon seit einer Woche den ganzen Tag bis zum Es-geht-nicht-Mehr wiederholten, endlich genug hätten. Ob es ihm denn nicht gefalle, wo er doch im Krieg gegen die Franzosen gewesen sei, redete ich mich heraus, und ob er denn damals nicht auf sie geschossen habe? Geschossen habe er schon, aber er habe nie auf einen richtig gezielt und hoffe, daß er nie einen getroffen habe. Ja, ob er denn nicht das Eiserne Kreuz bekommen habe? Doch, das habe er, aber sicher nicht wegen großer Heldentaten, und das seine sei sowieso nur zweiter Klasse. Das habe man schließlich fast allen gegeben, die noch nicht gefallen gewesen seien.

An der Rückwand der Werkstatt hing über dem Tisch, an dem wir in der kalten Jahreszeit abends aßen und zusammensaßen, ein kleiner bunter Druck. Er stellte die Heilige Familie dar. Wir schauten beim Tischgebet zu ihm hin. Ich wurde freilich nicht selten unandächtig, weil auf einem darüber befestigten großen Bild ein etwas eigenartig und ausländisch aussehender Bauer nachdenklich auf die von ihm eben gezogene Furche starrte. Ein paar herumliegende Knochen hielten den Mann wohl davon ab, weiter zu pflügen. Es sei ein französischer Stich, erzählte man sich in der Familie, der früher auf dem Schloß gewesen sei. Wie er zu uns gekommen war, wüßte ich nicht zu sagen. Der Ulmer Onkel übersetzte uns, was unter dem Bild geschrieben stand. Der Pflüger, so erklärte er, frage sich, ob das nicht die Gebeine des Kameraden seien, der genau an dieser Stelle mit vielen anderen gefallen sei. Bei dem Toten, kamen wir überein, mußte es sich wohl um einen Soldaten aus dem Siebziger oder einem noch früheren Krieg handeln.

Bis 1945 hatten im Dorf auch mehrere französische und belgische Gefangene auf den Bauernhöfen bei der Feldarbeit geholfen. Ich kannte sie fast alle, weil sie in dem ehemaligen Armenhaus der Gemeinde an der Biberacher Straße untergebracht waren. Sie wurden von einem schon älteren Soldaten bewacht, der zwar manchmal mit einem Gewehr herumlief, aber nicht allzu scharf aufpaßte und lieber mit den Nachbarn redete oder an warmen Tagen, wenn die Gefangenen sowieso bei den Bauern waren, im Freien irgendwo vor sich hindöste. Einmal rief mich ein Franzose, den ich, wie auch die anderen Mitgefangenen, immer grüßte, wenn ich ihn auf der Straße traf, in das Armenhaus und zeigte mir lachend ein splitternacktes wunderschönes Mädchen, das ein künstlerisch Begabter unter ihnen zur Freude aller auf die kahle, weißgetünchte Wand gemalt hatte.

Als die Amerikaner Erolzheim besetzt hatten, kam einer der von ihnen befreiten französischen Gefangenen und fragte meine Mutter, die er in seinem gebrochenen Deutsch immer wieder mit «Madame» anredete, ob er nicht auf ihrer Nähmaschine eine Trikolore, das sei die französische Flagge, nähen dürfe. Natürlich hatte meine Mutter nichts einzuwenden. Wegen ihrer Nähmaschine solle sie sich keine Sorgen machen, versicherte sie der Franzose, er sei nämlich von Beruf Schneider, und den notwendigen Faden, ein blaues, ein weißes und ein rotes Tuch habe er gleich mitgebracht. Als dann am nächsten Tag aus dem Armenhaus die französische Fahne hing, freute ich mich richtig. Ich hatte das Gefühl, sie gehöre auch ein bißchen mir.

Aber die Franzosen, die jetzt im Sommer auf ihren Militärfahrzeugen ins Dorf hereinfuhren, schienen nicht zu wissen, welche Verdienste unsere Familie um die Trikolore hatte, die vor wenigen Monaten im Frühjahr einige Tage lang aus dem Armenhaus gehangen hatte. Sonst hätte Onkel Josef nicht mit eigenen Augen mitansehen müssen, wie einige uniformierte junge Kerle, unter denen auch ein paar Schwarze waren, von ihren Fahrzeugen heruntersprangen und die fast reifen Äpfel des vor seinem Maschinenraum stehenden Baums heruntergerissen, um mit ihnen mitten im Sommer eine Schneeballschlacht zu veranstalten. Er habe sich gewaltig zusammennehmen müssen, um diese Flegel nicht übers Knie zu legen und zu versohlen, und habe sich vor Wut beinahe die hinteren Stockzähne ausgebissen, erzählte er uns nachher. Wir lobten seine Selbstbeherrschung.

Sicher waren schon die Franzosen als Besatzer im Dorf, als vom Pfarrer ein großes Jugendtreffen auf dem Kapellenberg veranstaltet wurde, denn es ist ohnehin wahrscheinlich, daß es erst im Frühjahr oder Sommer 1946 stattfand. Das freudestrahlende Gesicht, mit dem der Gastgeber vor dem Portal der Kapelle auf die vielen jungen Leute schaute, die bis von Ochsenhausen, Biberach und anderen Orten zu uns ins Illertal geradelt waren und die sich in Gruppen auf den Hängen des Wallgrabens zusammengesetzt hatten, ist mir unvergessen. So mochte Moses, von dem er uns in seinen Religionsstunden viel erzählt hatte, vom Berg Nebo aus auf das ihm vom Herrn verheißene Land hinabgeblickt haben. Die Jugendgruppen von auswärts und auch wir von Erolzheim hatten bunte Banner mitgebracht, welche die zwölf Jahre Nationalsozialismus, gründlich eingemottet und irgendwo versteckt, leidlich überstanden hatten, wie man sehen konnte, wenn sie aufgerichtet und mit feierlichem Ernst von den Trägern hin- und hergeschwenkt wurden. Reden wurden gehalten und Lieder wurden gesungen, wobei sich vor allem ältere, in die Jahre gekommene glatzköpfige und faltige Männer hervortaten. «Wir wollen zu Land ausfahren», brachten sie zu Gehör, und dann priesen sie die blaue Blume, die da «im Walde tief drinnen» so fein vor sich hinblühe und die es zu gewinnen gelte. Irgendeiner erwähnte danach in einer nicht enden wollenden Rede die Jugendbewegung, deren allerorten neu hervorsprossende Ideale man nun wiederbeleben, hegen und pflegen müsse. Er blieb nicht unwidersprochen. Dem Ernst der Stunde, entrüstete sich einer, seien Romantik und Botanik nicht angemessen. Es gehe jetzt darum, sich Gott zuzuwenden, und er stimmte auch gleich ein Lied an, das er alle Anwesenden mitzusingen aufforderte: «Laßt die Banner wehen / Über unsern Reihen. / Alle Welt soll sehen, / Daß wir neu uns weihen», und dann hieß es am Ende noch: «Rufen es weit, / Gott ist der Herr / auch unserer Zeit».

Diese Losung stand auch im Mittelpunkt des Aufrufs, den die CDU nach ihrer am 6. Januar 1946 in Aulendorf abgehaltenen Gründungsversammlung an die Öffentlichkeit richtete. Als Partei für das christliche Volk beider Bekenntnisse forderte sie die Rückkehr zu Gott und seinen Geboten und durfte darauf zählen, nicht ungehört zu bleiben. Schließlich hatte die katholische Zentrumspartei auch bei den Wahlen im März 1933, die nach der Machtergreifung Hitlers im wesentlichen noch nach demokratischen Spielregeln durchgeführt worden waren, in den Gemeinden Oberschwabens fast überall ihre absolute Mehrheit behaupten können. Eines war sicher: Mit dem Nationalsozialismus war das in Hitler Person gewordene Böse besiegt worden. Das wußten wir. Es war daher in den Nachkriegsmonaten zunächst nicht schwierig, sich damit abzufinden, daß zuerst amerikanische und dann französische Besatzungssoldaten in ihren Militärfahrzeugen im Dorf herumfuhren. Schließlich wußte man, daß ein Ende mit Schrecken besser war als ein Schrecken ohne Ende. Diejenigen, die kein für die Beschlagnahmung in Frage kommendes Haus oder bewegliches Gut besaßen oder nicht noch das Fegefeuer der Entnazifizierung hinter sich bringen mußten, taten sich am leichtesten damit. Wer sich von den Irrlehren des schmählich untergegangenen Dritten Reichs nicht hatte verführen lassen, wußte es: Jetzt kam es darauf an, sich auf Den zu besinnen, der allein dabei helfen konnte, die Zukunft zu gestalten und auf ein sicheres Fundament zu stellen: Jesus Christus. Am letzten Sonntag im Oktober, am Christkönigsfest, während Oberlehrer Thuma alle Register der Orgel zog, weihten wir uns daher Ihm, die Rechte feierlich zum

Schwur erhoben, die Linke fest gegen das ungestüm im Brustkorb pochende Herz gepreßt: «Christus, mein König, Dir allein / Schwör ich die Liebe, lilienrein. / Bis in den Tod die Treue». Ein kampfbereites Heer von Kreuzrittern in glänzenden Rüstungen und Jungfrauen von Orléans in blendenden Harnischen, das sich angeschickt hätte, mit herabgelassenem Visier die in der Morgenröte aufscheinenden Zinnen und Türme Jerusalems zu stürmen, hätte kaum entschlossener dagestanden als unsere jugendliche Phalanx am Christkönigstag.

Das Heilige Land war freilich recht fern, solange man ohne Passierschein nicht einmal über die nur sechs Kilometer entfernte Zonengrenze an der Iller kam. Kreuzzugsgeist konnte sich aber auch im Hier und Jetzt bewähren. Zum Beispiel in einem entschlossenen Ja zur Bekenntnisschule, die es nun, die Gunst der Stunde nutzend, wieder einzuführen galt, auch wenn die Franzosen sich dagegen sträubten. War es nicht bereits ein hinreichendes Argument für die Konfessionsschule, daß sie zehn Jahre zuvor von Hitler abgeschafft worden war? Das mußten doch schließlich auch die Franzosen einsehen, obwohl sie in ihrer Verblendung in ihrem Land schon vor Jahren eine Trennung von Kirche und Staat durchgesetzt hatten. Jetzt ging es darum, das in den Jahren der Diktatur verlorengegangene Terrain wieder zurückzugewinnen. Das war auch die Meinung von Pfarrer Angele, der im Rahmen einer in der ganzen Diözese durchgeführten Unterschriftenaktion die in der Gemeinde tätigen Klosterschwestern von Haus zu Haus schickte, um Stimmen zu sammeln und Stimmung zu machen, damit auf dieses Ziel hingearbeitet werden konnte, das uns allen ans Herz gelegt wurde: katholische Schulen für alle katholischen Kinder anstatt der alles verwässernden Christlichen Gemeinschaftsschule. Die

Diskussionen über diese Frage entzweiten die Familien und erregten die Kirchengemeinden.

Onkel Rudolf hatte ich wegen seines Gitarren- und Mundharmonikaspiels und wegen seiner Jodelkunst als Kind nicht wenig bewundert. In diesen bewegten Zeiten kam auch er wie so viele andere wieder in seine Heimat zurück. Wenn man ihn nach seiner Geflügelfarm und seiner Erdbeerplantage in Neuwied am Rhein fragte, winkte er kurz angebunden ab: «Alles ausgebombt.» Niemand wußte so recht, wieviel dieses alles gewesen war. Sogar Onkel Rudolf sah ein, daß jetzt nicht der richtige Augenblick war, um im Dorf herumzujodeln, wo doch fast jede Familie über einen Gefallenen trauerte oder über einen Vermißten klagte und auch diejenigen, die aus der Gefangenschaft heimkamen, zu dürren Skeletten abgemagert oder zu wassersüchtigen Fässern aufgedunsen waren. Aber als bei der Neuordnung der Besatzungszonen in Erolzheim die Franzosen an die Stelle der Amerikaner ins Dorf eingerückt waren und nun die Iller die Grenze zwischen der einen und der anderen Zone wurde, da gab es bald nur wenige, die so gut wie Onkel Rudolf die Furten kannten, über die man bei Niedrigwasser ohne Passierschein Personen und Waren über den Fluß hin- und hertransportieren konnte. Er hatte, wie er augenzwinkernd erklärte, die richtige Methode gefunden, daß die französischen und amerikanischen Wachposten, die alle kontrollierten, im entscheidenden Augenblick weggückten oder gar nicht da waren.

Es dauerte nicht lange, bis Onkel Rudolf einige ungarische Vollblutpferde in einem von ihm gemieteten Stall abstellte. Das seien die schnellsten Tiere des Illertals, versicherte er und zeigte jedem, daß es stimmte, wenn er mit wildem Jauchzen und Schnalzen auf einem von ihnen gezogenen Zweispanner wie der Blitz durchs Dorf raste, so daß Hühner und Fußgänger erschreckt vor ihm das Weite suchten, damit sie nicht zu Tode gefahren wurden.

Schon bald aber – 1946 oder gar 1947 – verkaufte der Onkel die Pferde wieder, verschwand für einige Monate aus Erolzheim und kam mit seiner neuesten Errungenschaft, einem Kettenkarussell, zurück. Da es eine derartige Lustbarkeit im Dorf schon lange nicht mehr gegeben hatte, fehlte es ihm nicht an Zulauf von Buben und Mädchen, die auf ihren luftigen Sitzen schreiend und quiekend hintereinander herflogen, sich zu fassen suchten und ihren Spaß daran hatten, wenn Onkel Rudolf zu guter Letzt am Abend eine Handvoll der eingenommenen Münzen unter die zuschauenden Rotznasen warf, die sich dann, einander an Hosenträgern, Haaren und Zöpfen ziehend, um das auf dem Boden verstreute Kleingeld stritten.

In diesen schwierigen Zeiten redete auch Onkel Hermann, dessen beide Söhne in Rußland vermißt waren, immer viel von Berufen und Berufungen. Wenn man ihn hörte, merkte man, daß nur wenige die bei so wichtigen Fragen zu beachtenden feinen Unterschiede besser kannten als er. Bei ihm gab es im Wohnzimmer ein Klavier, auf dem seine mit mir fast gleichaltrige Tochter Alice schon als kleines Mädchen fleißig übte. Am liebsten war es mir, wenn sie Operettenarien spielte und mich ermunterte, den unter den Noten stehenden Text aus voller Brust hinauszuschmettern. Partituren konnte ich nicht lesen, und nie und nimmer hätte ich die Melodien vom Blatt singen können, aber bei entsprechender Klavierbegleitung war es dann doch ein Kinderspiel, halbwegs den richtigen Ton zu treffen.

Auf dem Klavier standen zwei Gipsköpfe. Natürlich wußte ich, daß der gut aufgelegte Mozart und der grimmig dreinschauende Beethoven hieß. Aber das war auch fast alles, was mir zu ihnen einfiel, als der Onkel von mir Näheres über sie hören wollte. Es wundere ihn, daß ich die nicht genauer kenne, tadelte er mich. Aber andererseits überrasche es ihn nicht, denn meine Mutter, seine Schwester Klara, sei ja nicht gerade die musikalischste und bestimmt nicht die beste Sängerin unter ihren Geschwistern. Als ich einwandte, das komme von den vielen Kropfoperationen, winkte der Onkel ab. Bei allem Respekt für sie erlaube er sich festzustellen, daß es mit dem Gehör bei ihr nicht besonders weit her sei. Ich war verärgert. Aber meine Mutter, der ich erzählte, wie wenig ihr Bruder von ihrer musikalischen Begabung halte, beschwichtigte, der Onkel habe damit wahrscheinlich nicht unrecht. Man müsse es als christlicher Mensch hinnehmen, daß die Begabungen und die Charaktereigenschaften von Gott ungleich verteilt worden seien. Es sei doch nur richtig, daß nicht der eine alles zusammen und der andere gar nichts habe. So seien ja auch zumeist die schönsten Mädchen nicht unbedingt die klügsten, und einer, der sich beim Singen wie eine Lerche in Himmelshöhen hinaufschwinge, sei nur selten auch der Schnellste, wenn es darum gehe, eine Rechenaufgabe zu lösen. Der Pfarrer teilte ihre Meinung, als er wieder einmal auf Besuch kam. Er erzählte uns in diesem Zusammenhang vom Pfarrer von Ars. Der habe unbedingt Geistlicher werden wollen, aber als Seminarist immer nur mit Mühe und Not die Prüfungen bestanden und sei dann doch ein so guter Beichtvater geworden, daß er am Schluß gar nicht mehr gewußt habe, wie er alle, die in ihrer Seelennot bei ihm Rat und Zuflucht suchten, mit Trost und Zuspruch stärken solle.

Daran könne man sehen, daß nicht unbedingt diejenigen, die in der Schule die besten Noten hatten, dann auch überall, wo man sie hinstelle, die Geeignetsten seien.

Noch während des Kriegs fuhr die Mutter einmal mit mir nach Memmingen, um mir eine Blockflöte zu kaufen. Das sei zwar kein Klavier, aber wenn ich wirklich musikalisch sei, dann könne ich das auch auf einem Instrument zeigen, das 6,80 Reichsmark kostete – genausoviel wie die Monatskarte für die Bahnfahrt von Kellmünz nach Memmingen und retour. Was musikalische Begabungen seien, das habe sie bei ihrem jüngsten Bruder Rudolf und ihrer jüngsten Schwester Frida mit ihren eigenen Ohren gehört. Die beiden hätten ganz allein Mundharmonika gelernt, und es sei fast unmöglich gewesen, sie vom Spielen abzuhalten, als der Vater und drei Jahre später die Mutter gestorben seien. Wenn sie auch in ihren jungen Jahren noch gar nicht richtig verstanden hätten, was das für sie alle bedeutete, seien sie doch über den Tod der Eltern nicht weniger traurig gewesen als ihre großen Geschwister, gleichwohl hätten sie es nicht lassen können, auf ihren Instrumenten insgeheim zu spielen. Sie habe die eine wie den anderen ein paarmal beim Mundharmonikaspiel erwischt und natürlich streng zurechtgewiesen, weil noch nicht einmal die Trauerjahre vorbei gewesen seien. Sie müsse freilich zugeben, daß es ihr nicht so schwergefallen sei wie den beiden, auf Musik und Unterhaltung zu verzichten.

Daß auch ich keine musikalische Begabung war und vom absoluten Gehör im Gegensatz zu seiner Tochter Alice gar keine Rede sein konnte, wie mir auch Onkel Hermann, den ich einmal danach gefragt hatte, unverblümt erklärte, das spürte man schon daran, daß meine Ausdauer nicht lange anhielt, wenn ich bei meinem

Selbstunterricht die falschen Töne auf der Flöte griff. Das galt auch für meine Schwester Maria. Tante Theresia, eine Kusine meiner Mutter, die in Bad Mergentheim Musik unterrichtete, hatte ihr eine Laute geschenkt und sie bei einem mehrwöchigen Aufenthalt in der Stadt auch ein wenig in den Umgang mit dem Instrument eingeweiht. Maria zog es aber nur ungern aus dem es vor dem Verstauben schützenden braunen Tuch heraus, obwohl vom Griffbrett ein paar bunte Bänder hingen, auf denen «Waldeslust, Waldeslust» und «Im schönsten Wiesengrunde» stand. Besonders unangenehm war es für Maria, wenn sie von der Mutter, falls Besuch gekommen war, aufgefordert wurde, sie solle eins aufspielen, als sei es das Selbstverständlichste von der Welt: Mehr als «Horch, was kommt von draußen rein» und «Rosenstock, holder, blüh'», sagte Maria dann jedesmal abwehrend und errötend, das wisse doch jeder in der Familie genausogut wie sie selber, könne sie beim besten Willen nun einmal nicht fehlerfrei spielen, und nicht einmal bei diesen beiden Liedern sei sie sich ihrer Sache immer ganz sicher.

Als in den Monaten nach dem Krieg einmal eine neu ins Dorf gekommene Nonne mit dem komischen Namen Majella und den aufgeblähten Backen eines Posaunenengels einen alten Schuh zur Reparatur in unsere Werkstatt brachte, unterhielt sich meine Mutter anschließend noch lange und angeregt mit ihr draußen im Laden. Sie erfuhr bei dem Gespräch, daß die ihr bereits vom Kirchgang her bekannte Schwester nicht nur Gitarre spielen konnte, sondern in dem Kloster, aus dem sie nach Erolzheim gekommen war, auch Französisch unterrichtet hatte. Da fragte sie sie gleich, ob sie mir, den sie viel lieber hinter Büchern studierend als auf dem Schusterrappen sitzend an der Werkbank beim Nähen alter Rindslederschuhe sehe, das eine unterrichten und das andere beibringen könne. Auf einen Versuch wolle sie es gerne ankommen lassen, meinte Schwester Majella, wenn die Oberin die Erlaubnis dazu gebe. Die hatte nichts einzuwenden, und so ging ich einige Male wöchentlich zu meiner neuen Lehrerin. Beim Gitarrenspiel riß mir immer schnell die Geduld, wenn ich wieder einmal auf Hals und Steg eine Saite falsch gegriffen hatte. Es wundere mich nicht, daß ich mit dem Instrument nichts Rechtes anzufangen wisse, mit meiner musikalischen Begabung sei es nun eben einmal nicht weit her, klagte ich. Darüber zu befinden sei wohl noch zu früh, ein endgültiges Urteil über diese grundsätzliche Frage solle ich getrost ihr überlassen, bremste Schwester Majella meine Selbstvorwürfe und fügte noch spöttisch lächelnd hinzu, mit ein paar eher schlecht als recht auf einem Instrument gespielten Akkorden sei es eben auch bei der Gitarre nicht getan, und jugendliches Ungestüm sei nicht immer der richtige Ratgeber, wenn es darum gehe, die Finger zu üben und das Gehör zu schärfen.

Im Französischen unterrichtete sie mich auf der Grundlage eines alten Lehrbuchs von einem mir bis dahin unbekannten Ploetz. Sie freute sich, daß ich so schnelle Fortschritte mit ihr machte, und so las ich schon nach kurzer Zeit mit ihr eine Geschichte von einem mir ebenfalls unbekannten Alphonse Daudet, die mir sehr gut gefiel: Eine auf der Wiese eines Herrn Séguin angepflockte Ziege, die sich eine ganze Nacht lang mit ihren Hörnern gegen einen sie bedrohenden Wolf verteidigt, wird kurz vor Sonnenaufgang von diesem dann doch aufgefressen. Auch ein Gedicht von Victor Hugo über eine Blume und einen Schmetterling lasen wir zusammen. Den Namen dieses Schriftstellers kannte ich, weil der Ulmer Onkel einmal einen «Die Elenden» betitelten Roman von ihm gelesen und uns ab und zu einige Episoden daraus erzählt hatte. Als ich das Gedicht von Victor Hugo bei unserer nächsten Französischstunde auswendig aufsagte, meinte Schwester Majella, wenn ich es eines Tages wieder vergessen sollte, sei das nicht weiter schlimm. Man dürfe sich nämlich auch durch berühmte Namen nicht einschüchtern lassen. Sie habe schon bessere Lyrik gelesen.

Es war sicher gut, wenn man die Sprache der neuen Besatzer, die jetzt in Erolzheim das Sagen hatten, lernte. Bei dem französischen Ortskommandanten, einem Hauptmann, der jeden Sonntag in die Kirche ging und dort, allerdings nicht mit gefalteten Händen, sondern mit über der Brust gekreuzten Armen kommunizierte, arbeitete eine deutsche Hausgehilfin. Ihr war zu Ohren gekommen, daß Reinhold und ich ein wenig Französisch konnten. Im Auftrag von *Monsieur le capitaine* fragte sie daher bei meinem Vetter Reinhold an, ob wir nicht am 5. Dezember bei seiner kleinen Tochter und anschließend auch noch bei der seines Adjutanten als Hl. Nikolaus und Knecht Ruprecht verkleidet in die von ihnen beschlagnahmten Wohnungen kommen würden. Ich fragte mich natürlich besorgt, ob das bißchen Französisch, das ich inzwischen gelernt hatte, dafür auch ausreiche. Reinhold beruhigte mich. Er mache den Ruprecht und werde dabei wild mit den mitgenommenen Kuhstallketten rasseln, da verstehe man dann sowieso nicht viel von dem, was gesagt werde. Damit die Kinder keine allzu große Angst kriegten, solle ich einfach etwas auf Lateinisch, zum Beispiel «Dominus vobiscum», sagen und um so himmlischer lächeln, je höllischer er sich aufführe. Hauptmann und Adjutant waren sehr zufrieden mit unseren Auftritten und steckten uns, bevor wir weggingen, großzügig verschiedene Reichsmarkscheine und mehrere Packungen Gauloises zu.

In das Erdgeschoß der benachbarten Doppelhaushälfte war kurz vor Kriegsende ein schon älteres Ehepaar gezogen. Der Mann, Adolf Pirrung, hatte in Berlin als Ingenieur gearbeitet. Wie wir vom Pfarrer erfuhren, war er vor 1933 ein hohes Tier bei den Oberschwäbischen Elektrizitätswerken gewesen und hatte auch eine wichtige Rolle bei der württembergischen Zentrumspartei gespielt, war dann aber verhaftet, zwar wieder freigelassen, aber aus allen öffentlichen Stellungen hinausgeekelt worden. Auch Pirrung hockte mit uns und seiner Frau in dem unter Anleitung Onkel Josefs ausgeschachteten Unterstand, kurz bevor die Amerikaner in Erolzheim einrückten. Wenn die Frauen nicht gerade laut beteten, scherzte er, um uns Mut zu machen, und ich hatte tatsächlich das Gefühl, solange er bei uns sei, könne uns nicht viel passieren. Es wäre mir doch gar zu ungerecht vorgekommen, wenn die Amerikaner gerade auf ihn und uns geschossen hätten. Vom Pfarrer hatten wir nämlich auch gehört, der alte Herr sei ein guter Freund von Eugen Bolz gewesen, der als Mann des Zentrums und enger Vertrauter Brünings nach dem 20. Juli 1944 verhaftet und dann im Januar noch hingerichtet worden war. Ja, man erzählte sich sogar, die hinter vielen schwarzen Schleiern verhüllte Dame, die in den Tagen des Umsturzes im Pfarrhaus wohnte und die keine Heilige Messe versäumte, sei die Frau des Hingerichteten gewesen. Obwohl Pirrung sein Licht nicht unter den Scheffel stellte, hatte er nichts von einem aufgeblasenen Wichtigtuer an sich. Schon bald nach Kriegsende wurde er von den Franzosen beauftragt, sich um die Energiewirtschaft in ihrer Besatzungszone zu kümmern, und wurde daher ständig von einem Chauffeur im Lande herumkutschiert. Er schaute zwar oft bei seiner Frau vorbei, hatte aber selten Zeit, länger bei ihr zu bleiben. Nie versäumte er es, bei seinen Besuchen auch uns Nachbarn zu grüßen. Und das mußte man ihm lassen: Wenn er mit einem redete, schaute er nicht ständig auf die Uhr wie Leute, die sich ein Ansehen geben wollen. Obwohl er ein Mann war, der mit allen, auch mit den Franzosen, auf gleichem Fuß verkehrte, wirkte er eher wie ein Lebenskünstler als wie ein Manager. Einmal, als ich mit Herrn Ribicki auf der Brücke saß und Riester annähte, zog er vergnügt schnuppernd die Luft durch die Nase: Der Geruch in der Werkstatt eines Schuhmachers erinnere ihn immer an die Gerberei seines Vaters in der Pfalz. Else wußte zu berichten, unser neuer Nachbar habe ihr beim letzten Besuch vom dortigen Weingut seiner Familie erzählt. Wahrscheinlich sei er deshalb immer so gut aufgelegt, lachte sie, weil er nicht mit Himbeersaft wie wir, sondern mit Traubensaft groß gezogen worden sei.

Doch Pirrungs Frau konnte einem schon leid tun, wenn er wieder abgefahren war. Irgendwie paßte es zu ihr, daß sie Kunigunde hieß. Wegen ihres starken Haarausfalls trug sie meistens eine Perücke, die manchmal ein wenig verrutscht war oder die sie, wenn man zu ihr kam, noch gar nicht aufgesetzt hatte. Wenn sie es merkte, während ich mit ihr sprach, entschuldigte sie sich und sagte: «Ich bin halt eine vergeßliche alte Frau.» Der Dackel, der als ständiger Begleiter mit ihr nach Erolzheim gekommen war, fing dann an zu bellen, wenn er sie so reden hörte. Er wollte sie trösten, weil die beiden, das sah man gleich, ein Herz und eine Seele waren. Sie freute sich immer, wenn mich meine Mutter zu ihr schickte, um nachzufragen, ob ich ihr eine Besorgung im Dorf machen oder sonst etwas für sie erledigen könne. Meistens winkte sie ab, bat mich aber fast immer, ein bißchen mit ihr zu plaudern. Sie schilderte mir einmal gedankenverloren ihre Trauung in Altötting. Das sei jetzt schon mehr als vierzig Jahre her. Und als ich sie etwas unüberlegt fragte, ob sie und ihr Mann denn keine Kinder hätten, sprang ihr der Dackel auf den Schoß, weil er, als sie verneinte, am Ton ihrer Stimme gemerkt hatte, daß sie jemanden brauchte, der sie besser verstand als ich.

Sie erzählte mir manchmal von den vielen Tätigkeiten ihres Mannes. Der kümmere sich jetzt mit anderen auch darum, daß als Nachfolgerin des katholischen Zentrums, das manchmal vielleicht doch zu einseitig konfessionell gewesen sei, gemeinsam mit den Protestanten eine christliche, soziale und demokratische Partei geschaffen werde. Lieber als über Politik sprach sie aber über religiöse Probleme. Ich wunderte mich manchmal, daß sie Dinge sagte, bei denen ihr unser Pfarrer, wenn auch nach seiner Art sehr höflich, aber doch sehr entschieden, widersprochen hätte. Letzten Endes war ihr nämlich ihr Dackel, so kam es mir manchmal vor, wichtiger als alle Heiligen im Kalender. Ich mochte ihn auch recht gerne. Bei meinen Besuchen begrüßte er mich immer aufgeregt bellend und schwanzwedelnd. Aber wie sollte ich ihr zustimmen, wenn sie behauptete, er habe ganz bestimmt eine unsterbliche Seele und sie zweifle gar nicht daran, daß gewisse Tiere nichts anderes als Arme Seelen seien, die ihre im Leben begangenen Sünden abzubüßen hätten. Wie könnte sonst ein gerechter und gütiger Gott erlauben, daß sie so mißhandelt würden? Ich mußte mich anstrengen, um nicht laut herauszuplatzen. Bei ihr wäre ich nämlich nach meinem Tod auch gerne Arme Seele gewesen. Während sie fast nie richtig aß und nur wie ein Vögelchen von einem herumstehenden Teller irgend etwas Eßbares pickte, suchte sie mit allen Mitteln, ihn zu versorgen. Ich erzählte meiner Mutter von Frau Pirrungs merkwürdigen religiösen Vorstellungen. Aber sie nahm sie in Schutz: Wenn man viel allein sei, komme man halt manchmal auf sonderbare Gedanken. Das sei wahrscheinlich nicht weiter schlimm. Arg wäre es doch bloß, das solle ich bedenken, wenn man dabei auch noch böse und nachtragend würde.

Ich war schon nicht mehr in Erolzheim, da kam mir Frau Pirrung einige Monate später auf unserem gemeinsamen Hof zwischen Haus und Böschung entgegen, als ich auf einige Tage heimkehrte. Es mußte etwas Furchtbares passiert sein. Nie hatte ich sie so weinen sehen und schluchzen hören: Ihr Dackel war wenige Stunden vorher eingegangen. Eigentlich hätte sie doch froh sein müssen, daß die von ihm beherbergte unsterbliche Arme Seele jetzt im Himmel war. Aber das behielt ich lieber für mich, als ich sah, wie vergeblich jeder auch noch so gut gemeinte Versuch gewesen wäre, ihr in ihrem Schmerz beistehen zu wollen.

In den Monaten vor oder nach dem Umbruch kehrte auch Karl Ehrhart aus nicht allzu weiter Ferne in sein Heimatdorf Erolzheim zurück. Von Beruf war er zwar Lehrer, aber seine eigentliche Berufung war eine andere, was seine Schüler in Bonlanden, wo er einige Zeit nach dem Krieg unterrichtete, sehr schnell merkten. Wenn das Wetter schön war, die Buben wild auf dem Schulhof herumbalgten und die Mädchen laut herumkreischten, ermunterte er sie vom weit geöffneten Fenster des Klassenzimmers aus, ruhig nach der Pause noch eine Weile damit weiterzumachen, das gelte dann für Sport und Turnen. Sein richtiger Beruf, zu dem er wirklich und eigentlich berufen war, war nämlich der eines Dichters. Das wußten alle im Dorf. Manche meinten, bei seiner Art zu unterrichten finde er leicht die nötige Zeit dazu. Mein Onkel

Josef, der auch Lehrer war, wußte, daß Karl Ehrhart etwas Besonderes war, weil er schon in den zwanziger Jahren zusammen mit einigen Kollegen «Dichtungen deutscher Lehrer» und unter dem Titel «Ferienstunden» Gedichte schwäbischer Lehrer und Lehrerinnen herausgegeben hatte.

Ich freute mich, daß es in Erolzheim mit Karl Ehrhart einen richtigen Dichter gab. Man merkte es schon daran, daß er Dinge sagte, die nicht bloß für den Augenblick waren. Als die Franzosen das im 16. Jahrhundert erbaute Schloß beschlagnahmt und dann schon 1945 bei einem dort abgehaltenen Fest durch fahrlässigen Leichtsinn in Brand gesteckt hatten, so daß alle vom Dorf aus verängstigt auf das brennende Gebäude hinaufsahen, war auch Lehrer Ehrhart unter der zusammengerannten Menge. Ganz zufällig stand ich neben ihm. Er stieß mit dem auffällig eleganten Stock, ohne den er selten aus dem Haus ging, ein paarmal auf den Boden und sagte, daß man es in weitem Umkreis deutlich hören konnte: «Jahrhunderte brennen darnieder.» Ich merkte, daß das für kommende Zeiten gesprochen war, und erfuhr damals ein für allemal, daß alles, was Dichter sangen und sagten, in aller Ewigkeit nicht vergessen würde.

Aber daß es Dichter nicht immer leicht hatten, das war mir schon seit langem bekannt. Ich wußte sogar, daß viele verhungert waren. Deshalb war es schon gut, wenn man, falls man sich dazu berufen fühlte, auch noch Lehrer oder sonst etwas Nützliches war. Ein Gedicht erkannte man vor allem an den Reimen, aber wer konnte einem schon sagen, ob es gut oder schlecht war? Von diesen Zweifeln wurde ich gequält, seitdem ich eines auf einen Waidmann gemacht hatte, der von einem Jägerstand aus einen Rehbock totschießt.

Weil ich ganz nahe am Wald aufgewachsen war und durch Sammlung von Zigarettenschecks, die eine Tabakwarenfabrik aus Hamburg-Altona jeder Schachtel beigepackt hatte, mir die zwei Bildbände «Tiere unserer Heimat» und «Pflanzen unserer Heimat» erworben hatte (jedes der Alben kostete 1,90 Mark, die Bilder erhielt man geschenkt, wenn man die erforderliche Anzahl Schecks eingeschickt hatte, und sie mußten dann nur noch eingeklebt werden), wollte ich eigentlich Förster werden. Aber Vetter Eugen aus Augsburg, der nach dem Tod unseres Vaters manchmal nach Erolzheim kam, um uns bei schweren Männerarbeiten, die an Haus, Holzschuppen, Gartenzaun sowie Treppen, Stufen und Geländern im Freien notwendig waren, zu helfen, riet mir lebhaft gestikulierend davon ab. Wegen eines Durchschusses am Hals, den er im Ersten Weltkrieg abbekommen und der seine Stimmbänder verletzt hatte, konnte er nämlich nur mit Mühe verständlich sprechen: Man müsse bei so einer Entscheidung nicht nur an die warme Jahreszeit denken, sondern auch an Herbst und Winter und dürfe daher vor allem auch nicht vergessen, daß man bei diesem Beruf nicht selten durchgefrorene und nasse Füße habe. Und dann fragte er mich auch noch, ob es mir denn Spaß machen würde, friedlich äsendes Rotwild oder gar einen putzigen Meister Lampe totzuschießen? Ich mußte zugeben, daß ich die kalten Füße vielleicht noch ertragen, aber auf Rehe und Hasen zu schießen wohl kaum übers Herz bringen würde. Darum ist es mir bis heute unerklärlich, warum in meinem ersten, mit vierzehn Jahren geschriebenen Gedicht ein Förster von einem Jägerstand aus einen Rehbock totschießt. Vielleicht weil ich inzwischen den «Klosterjäger» von Ludwig Ganghofer gelesen hatte? Aber schon bald danach dichtete ich anderes. Vor allem, wenn der

Mond auf- und die Sonne unterging, fühlte ich mich verpflichtet, etwas zusammenzureimen.

Einmal rief mir Karl Ehrhart vom Fenster im ersten Stock seiner Wohnung bei der alten Frau Mader aus, mit Händen und Armen heftig fuchtelnd, zu, ich solle zu ihm hinaufkommen, er habe etwas nicht gerade Uninteressantes für mich. Mit weitausladender Geste lud er mich ein, auf einem seiner unordentlich herumstehenden Stühle Platz zu nehmen, als ich «Grüß Gott, Herr Ehrhart» stotternd in seine Wohnung getreten war. Ob ich denn nicht wisse, daß wir weitläufig miteinander verwandt seien? Sei es da nicht töricht, sich mit «Herr Ehrhart» und «Sie» in umständlichen Zeremonien zu bewegen? Ich solle ihn künftig doch einfach Karl oder noch besser Carlos nennen und, wenn dies zunächst wegen des Altersunterschieds vielleicht auch schwerfalle, einfach duzen. Ob ich denn den «Don Carlos» von Schiller kenne? Ja, den kannte ich, und ich erzählte ihm auch vom Marquis Posa und daß der zu König Philipp gesagt hatte: «Majestät, geben Sie Gedankenfreiheit». Mein neuer Freund war überaus glücklich, daß er einen jungen Vetter hatte, der auch etwas von Dichtung verstand: Er sehe, sagte er, die mir von ihm zugedachten Geschenke, um derentwillen er mich zu sich heraufgerufen habe, seien bei mir nicht in schlechten Händen, und mit diesen Worten überreichte er mir zwei Bücher mit den Titeln «Drei Frauen» und «Hohe Politik oder Zwischen Liebe und Krone», das eine enthielt Gedichte, das andere ein Drama. Ich freute mich nicht wenig, daß ich jetzt einen Dichter kannte, der mit mir sogar verwandt war, wenn ich auch nicht genau wußte, wie. Das schien mir auf jeden Fall auch für meine eigene Berufung zu diesem, wie mir scheinen wollte, vielleicht doch höchsten aller Ziele zu sprechen.

Noch schwieriger als die Berufung zum Dichter war aber zweifellos die zum katholischen Geistlichen. Es reichte nämlich noch lange nicht aus, daß man leidlich Latein verstand, schön singen und gut predigen konnte, auch nicht, daß man zu allen Mitgliedern seiner Pfarrgemeinde freundlich und hilfsbereit war, ohne dabei jemanden besonders zu bevorzugen, weil einem von Gott alle Menschen, mochten sie nun reich oder arm, jung oder alt, schön oder häßlich sein, in gleicher Weise ans Herz gelegt worden waren. Das traute ich mir alles zu, wenn ich auch wußte, daß ich wahrscheinlich nie und nimmer so gut singen und so tiefsinnig predigen würde wie unser Pfarrer. Der eigentliche Haken bei der Berufung zum katholischen Geistlichen war das Zölibat. Das wußten alle, die sich mit dem Gedanken trugen, und so verlor mancher von vorneweg die Lust, Theologie zu studieren, obwohl ihn religiöse Probleme sehr interessierten. Wenn man also glaubte, berufen dazu zu sein, Geistlicher zu werden, mußte man zuallererst herauskriegen, ob man dieses größte aller Opfer, immer keusch zu bleiben und nicht zu heiraten, überhaupt bringen konnte.

Der Pfarrer ließ manchmal während seiner Besuche bei uns ein Wörtchen fallen, ich solle doch darüber nachdenken, was ich von einem Theologiestudium halte. In meinem Fall wäre das, wie er wohl sagen dürfe, gewiß nicht ganz verfehlt. Ich solle ihn aber richtig verstehen: Natürlich dränge mich niemand dazu, und gut Ding wolle schließlich Weile haben, aber man dürfe auch nicht eigensinnig die Ohren verstopfen, wenn einem eine innere Stimme sage, daß man berufen sei. Meine Mutter pflichtete ihm bei. Auch sie hob ausdrücklich hervor, daß mich ganz bestimmt niemand zu einem Theologiestudium zwingen wolle.

Hilfreich sei es vor so einer wichtigen Entscheidung, ermahnte mich der Pfarrer, regelmäßig nach vorher abgelegter Beichte, zu Beginn jeden Monats, an jedem Herz-Jesu-Freitag und Priestersamstag zu kommunizieren und dann die dafür notwendigen frommen Vorsätze zu fassen und dadurch die unerläßlichen Gnadenschätze im Himmel zu sammeln, die man für einen derart wichtigen Entschluß dringend brauche. Ich versäumte also künftig keinen Herz-Jesu-Freitag mehr und sang mit den anderen Kirchgängern, während wir mit fromm gefalteten Händen zur Kommunionbank schritten und nach Empfang der Hostie mit niedergeschlagenen Augen wieder an unsere Plätze in der Bank zurückgingen, «Ein Priesterherz ist Jesu Herz, / Das Opferlamm für unsere Sünden, / Sucht überall in Freud und Schmerz / Die müden Schäflein aufzufinden. / Oh, heilig Herz für immerdar, / Bring ihre Herzen zum Altar / Und lasse sie wie Du so rein / Dir allzeit heil'ge Priester sein». Obwohl auch ich mit den anderen Kirchenbesuchern inbrünstig mitsang und dabei fest in mich hineinhorchte, ob sich nicht eine innere Stimme meldete, um mir zu sagen, daß ich berufen sei, vernahm ich nie etwas dergleichen, und ich wußte dann nie so recht, ob ich mich darüber freuen oder grämen sollte.

Inzwischen hörte man, daß hier und dort die höheren Schulen ihren Unterricht wiederaufnahmen. In Memmingen dauerte es damit besonders lange, weil die Amerikaner zuerst viel genauer als die Franzosen herausbekommen wollten, ob es sich bei den Lehrern der Knabenoberschule, von denen, wie man erzählte, außer dreien alle in der NSDAP gewesen waren, um bloße ehemalige Mitläufer handelte oder ob sie als mehr oder weniger belastet einzustufen waren und daher bis auf weiteres vom Dienst enthoben werden sollten.

In Illertissen hatte ein katholischer Orden eine höhere Schule geöffnet, in die sich einige von denen, die früher mit mir auf den Bahnhof nach Kellmünz geradelt waren, aufnehmen ließen. Auch ich war ungeduldig, wieder in einer Schulklasse regelmäßig Unterricht zu besuchen, wollte aber ungern noch einmal Fahrschüler werden. Da in der französischen Besatzungszone die Entnazifizierung viel zügiger abgewickelt wurde als in der amerikanischen, hatte das Gymnasium in Ehingen an der Donau, von dem mir der Pfarrer oft und viel erzählte, bereits im Herbst 1945 den Unterricht wiederaufgenommen. Ich solle doch dort meine Schulausbildung fortsetzen, empfahl er meiner Mutter und mir. Aber da das von einem kirchlichen Träger finanzierte Schülerheim Josephinum, wie er herausbekommen hatte, von den Franzosen beschlagnahmt worden war und bis auf weiteres geschlossen blieb, weil dort verschleppte Polen untergebracht worden waren, wurde ich von ihm kurzerhand im bischöflichen Konvikt in Ehingen angemeldet. Ich erschrak nicht wenig, als er es meiner Mutter und mir erzählte. Mir wäre es lieber gewesen, meine Berufung nicht so schnell in feste Bahnen gelenkt zu sehen. Zu meinem Glück antwortete der Direktor des Konvikts ein paar Tage später auf den Brief des Pfarrers, er könne mich wegen Platzmangels noch nicht aufnehmen, habe aber eine vorläufige private Unterkunft bei einem als Studentenmutter gerühmten stadtbekannten älteren Fräulein für mich reserviert. Ich war erleichtert, als ich davon erfuhr. Immerhin war es eine Galgenfrist, um die leidige und peinliche Berufungsfrage noch etwas aufzuschieben.

Ehingen

Ich erinnere mich genau daran, daß ich auf dem Rathaus in Erolzheim bei einem nicht unsympathischen, noch recht jungen und mit der Sekretärin flirtenden Franzosen eines Tages einen Passierschein beantragte und diesen schon wenige Minuten später anstandslos erhielt. Das Papier machte es meiner Mutter, Tante Emma und mir möglich, in Klein-Kellmünz von der französischen Besatzungszone aus- und in Kellmünz in die amerikanische einzureisen und dann andersherum in Erbach bei Ulm die amerikanische Besatzungszone wieder zu verlassen und die französische aufs neue zu betreten. Um so merkwürdiger ist es daher, daß ich nicht zu sagen wüßte, wie wir bis nach Ulm kamen. Auch die zerstörte Stadt hat keinen so starken Eindruck in mir hinterlassen wie die ganz in Schwarz gekleidete und weinende Witwe des wenige Tage vor unserer Reise nach Ehingen plötzlich verstorbenen Mesmers Schmid von der Wengenkirche. Schmids waren eine befreundete Familie Onkel Josefs, der bis zur Bombardierung Ulms im Chor der Wengenkirche gesungen hatte. Sie hatten uns vor dem Krieg auch einmal in Erolzheim besucht. Da die Wohnung Onkel Josefs und Tante Emmas ausgebrannt war, lebten sie beide jetzt im Stüble an der Berggasse, und weil er einer der wenigen Lehrer gewesen war, die nie in die Partei eingetreten waren, unterrichtete er sogar einige Monate lang in der Schule in Erolzheim, obwohl er inzwischen bereits das Pensionsalter erreicht hatte.

Um nach Ehingen zu fahren, stellten wir uns an die Straße, weil es, wie die mit den Verhältnissen in und um Ulm vertraute Tante Emma in Erfahrung gebracht hatte, der schnellste Weg war, um weiterzukommen. Sie sollte recht behalten. Schon nach kurzer Zeit hielt ein Lastwagen an. Die beiden Frauen wurden mit dem Fahrer schnell handelseinig. Er half uns allen, auf die mit einer Plane überdachte Ladefläche hinter dem Führerhaus zu klettern. Eine roh gezimmerte Bank war dort die einzige Sitzgelegenheit für die auf gut Glück hinaufgestiegenen Fahrgäste. Die Passierscheinkontrolle an der Grenze von Amerika und Frankreich verlief problemlos und ohne besondere Aufregungen. Als wir schon bald nach der Weiterreise von unserem Fahrer aufgefordert wurden, wieder aus unserem Verschlag zu kriechen und abzusteigen, waren wir bereits auf dem Marktplatz in Ehingen und damit auch schon auf der in ihn einmündenden und wieder aus ihm herausführenden von uns gesuchten Hauptstraße. Mit den vielen französischen Fahnen, die überall an den Gebäuden hingen, konnte ihr niemand mehr ansehen, daß sie bis vor kurzem noch Adolf-Hitler-Straße geheißen hatte. Wir fanden auch bald die Nummer 113 in der unteren Stadt. Dort hatte Fräulein Agathe, an die wir über Pfarrer Angele vom Leiter des Konvikts verwiesen worden waren, einen Laden mit Glaswaren und Devotionalien. Das kleine Schaufenster war freilich, wie auch die der großen Geschäfte am Marktplatz, fast leer. Nachdem wir an der Tür geklingelt hatten und durch einen Ruf aus einem auf einen Augenblick im ersten Stock geöffneten Fenster zum Kommen aufgefordert worden waren, stiegen wir eine dunkle und enge Treppe hinauf und traten von dort in eine etwas unordentliche, aber gut geheizte Wohnstube, an deren Tür uns meine künftige Vermieterin begrüßte. Es handelte sich um eine lebhafte ältliche Person mit einem ungesund aufgedunsenen Gesicht voll bläulicher Äderchen. Sie empfing uns mit einem unvermittelt über uns hereinbrechenden Wortschwall. Er zeigte uns, daß sie bestens über mich und das Vorläufige meines Bleibens bei ihr unterrichtet worden war. Meiner Mutter sicherte sie zu, ich würde bei ihr bestens aufgehoben sein, und zählte dann mit sichtlicher Genugtuung die Namen einiger in den vergangenen Jahren vorübergehend bei ihr untergebrachter und für einige Zeit verköstigter Konviktoren auf. Inzwischen seien sie längst Geistliche und damit Hochwürden geworden. In einer Schublade des großen in der Mitte der Wohnstube stehenden Tisches hatte sie in ein paar Briefumschlägen die gesammelten Dankesschreiben dieser Ehemaligen verstaut. Sie holte sie hervor, und wir sahen sie bewundernd an. Auf die besorgte Frage meiner Mutter, ob es ihr denn bei den knappen Portionen, die ein ständig hungriger junger Mensch auf seine Lebensmittelmarken zugeteilt erhalte, möglich sein werde, jeden Tag etwas auf den Tisch zu stellen, lächelte Fräulein Agathe verständnisvoll und verschmitzt. Sie verstehe die Sorge einer Mutter, könne ihr aber versprechen, daß sie mich nicht verhungern lassen werde, denn, Gott sei Lob und Dank, habe sie beizeiten aus ihrem Laden einige in diesen Zeiten besonders wertvolle Dinge, Teller, Weingläser und Tischbesteck, aber auch Heiligenbilder und Weihwasserkessel, beiseite geschafft und unter den Brettern ihres Dachbodens versteckt. Die hole sie hervor, wenn eine Bauerntochter aus der Ehinger Umgebung etwas Nützliches und Schönes für ihre Aussteuer brauche. In diesem Fall lasse sie sich für alles in Naturalien bezahlen. An Kartoffeln sei bei ihr daher kein Mangel. Sogar an Schweineschmalz und Mehl fehle es selten. Natürlich wäre sie trotzdem froh, wenn meine Mutter, außer den als Miete vereinbarten achtzig Mark, dem Paket, mit dem sie mir sicher regelmäßig meine frisch gewaschenen und gebügelten Hemden, Unterhosen und Socken zurückschicken werde, etwas Eßbares beilegen würde. Aus langjähriger Erfahrung wisse sie nur zu gut, daß einer, der viel studiere, auch etwas zum Nagen und zum Beißen haben müsse. Übrigens wohne noch ein junger Mann bei ihr, Herr Lehrer Huber aus Kirchbirlingen, der wolle zwar kein Pfarrer werden wie ich, ich könne mir aber trotzdem ein Beispiel an ihm nehmen. Mir gab es einen richtigen Stich, als sie mit der größten Selbstverständlichkeit davon redete, ich wolle Pfarrer werden, da ich doch besser als sie wußte, daß es gar nicht stimmte. Sie versprach meiner Mutter, sie werde mich jeden Tag rechtzeitig wecken, damit ich noch vor dem Unterricht in der Schule die Heilige Messe in der Konviktskirche besuchen könne. Dagegen hatte ich nichts einzuwenden. Daran war ich von Erolzheim her gewohnt. Fräulein Agathe erklärte, das sei alles zu meinem Besten. Die bei ihr untergebrachten Konviktoren seien durch diesen regelmäßigen Kirchgang dem Direktor und seinem Repetenten gleich angenehm aufgefallen, und die beiden hochwürdigen Herren könnten daran sehen, daß man sich jederzeit auf sie als Studentenmutter verlassen könne. Als sie noch hinzufügte, das sei auch wichtig, damit man sehe, wie ernst es mir damit sei, Pfarrer zu werden, hatte ich schon wieder ein ungutes Gefühl. Ich war daher sehr froh, als meine Mutter, das kaum zu bremsende Fräulein Agathe unterbrechend, in aller Deutlichkeit sagte, niemand zwinge mich natürlich dazu, Pfarrer zu werden, ich müsse mich daher selber prüfen, ob ich auch wirklich zu einem so schwierigen Amt berufen sei. Es sei unerläßlich, daß man sich bei derart wichtigen Entscheidungen Gott anvertraue und auf Herz und Nieren prüfe, wie sie aus eigener Lebenserfahrung nur zu gut wisse.

An den Abschied von meinen Begleiterinnen erinnere ich mich nicht, auch nicht daran, mit welchem Verkehrsmittel sie wieder nach Ulm zurückreisten, aber daran, daß meine Mutter, als wir ins Freie getreten waren, zu mir verlegen lächelnd sagte, ein bißchen komisch sei ihr das Fräulein Agathe schon vorgekommen. Dann fügte sie aber zuversichtlich hinzu, es scheine sich um eine gutmütige Person zu handeln, sie frage sich nur, ob sie auch gesund sei, denn wenn sie einmal nicht geredet habe, habe sie, wie ich ja sicher auch gehört und gesehen hätte, gehustet und gekeucht und sich ein paarmal an die Seite gegriffen, als ob ihr dort etwas weh tue. Meine Mutter sollte mit ihrer Befürchtung recht behalten. Schon einige Monate später mußte meine Vermieterin dringend einen Arzt aufsuchen, wurde danach unverzüglich ins Krankenhaus eingeliefert und verstarb dort nach wenigen Tagen an den Folgen einer komplizierten Operation.

Das Gymnasium, ein Gebäude aus den Gründerjahren, wurde noch renoviert, als ich nach Ehingen kam, so daß der Unterricht vorerst in den Räumlichkeiten des Konvikts abgehalten wurde. Der Leiter dieses Internats, Lenk, dem seine Schutzbefohlenen wegen seiner unansehnlichen Statur den Spitznamen Stopps verpaßt hatten, war zugleich Religionslehrer des Gymnasiums. Einer dringenden Empfehlung Pfarrer Angeles folgend, stellte ich mich ihm bei der ersten sich bietenden Gelegenheit vor. Er fertigte mich über die mir in seinem Brief in Aussicht gestellte Aufnahme in das Konvikt zwar nicht gerade unwirsch, aber, wie mir scheinen wollte, doch recht kurz angebunden ab: Damit könne es noch gute Weile haben. Auch in den folgenden Wochen und Monaten, als der Unterricht bereits wieder im Gebäude des Gymnasiums abgehalten wurde, kam er nie auf diese für mich so wichtige und mir besonders auch während seiner Religionsstunden gewiß unmißverständlich ins Gesicht geschriebene Frage zurück. Ich fing an, mich darüber zu wundern. Hatte ich nicht durch regelmäßige Teilnahme an den Gottesdiensten in der Konviktskirche und während seiner Religionsstunden durch zahlreiche, mein lebhaftes Interesse an den Wahrheiten und Geheimnissen der Theologie bezeugende Wortmeldungen hinreichend gezeigt, wie sehr mir daran gelegen war, alles zu verstehen und zu ergründen? Hatte ich womöglich Fragen an ihn gerichtet, die man besser gar nicht stellte? Oder war ihm und dem ihm als Wachhund beigesellten Repetenten vielleicht unangenehm aufgefallen, daß ich mit seinen Konviktoren auf dem Hof des Gymnasiums oder bei meinen gelegentlichen Besuchen in dem ihm unterstellten Haus ständig und nicht immer mit dem gebotenen Ernst und der notwendigen Zurückhaltung diskutierte? An Anlässen zu vielerlei und heftigem oder gar spöttischem Meinungsaustausch fehlte es nicht. Man brauchte sich nur die Hausordnung des Konvikts anzusehen. Warum durften die dort wohnenden Schüler nicht allein ausgehen und das Gebäude nur in Gesellschaft eines anderen verlassen, nachdem sie sich vorher auch noch beim Pförtner abgemeldet hatten? Mußte man immer einen Aufpasser bei sich haben, wenn man sich einmal in der kleinen Stadt oder in ihrer schönen Umgebung umsehen wollte? War es nicht geradezu empörend, daß diese Verordnung jeden Konviktoren dazu erniedrigte, zum Spitzel auch der besten Freunde zu werden, die man um übergeordneter, angeblich höhergestellter Belange willen gegebenenfalls verraten mußte? War man in diesem Haus gar dazu verurteilt, zu allem ja und amen zu sagen? Da war es nur ein schwacher Trost, wenn das Bauwerk, in dem man wohnte, von dem berühmten Vorarlberger Architekten Franz Beer entworfen worden war, wie Lenk nicht ohne Stolz einmal beiläufig erwähnte. Mauern waren Mauern, befand ich in meinem Innern. Wenn man nicht jederzeit, falls einem der Sinn danach stand, als freier Mensch aus ihnen herausspazieren durfte, waren auch die von einem berühmten Architekten ersonnenen eines ehemals vorderösterreichischen Kollegiums schlicht und einfach Gefängnismauern.

Um wieviel freier ging es da bei Fräulein Agathe zu, die zwar immer schon am frühen Morgen im Haus herumrumorte und abwechselnd in eine der drei katholischen Ehinger Kirchen, die Liebfrauenkirche in der Unterstadt, die Stadtpfarrkirche nicht weit vom Marktplatz oder auch in die ebenfalls mühelos zu Fuß erreichbare Konviktskirche, eilte, aus denen sie nach einiger Zeit mit schwerem Atem und, solange es Winter war, ganz blau gefroren wieder zurückkam. Aber sie überließ es mir, selbst darüber zu entscheiden, ob und wann ich aus dem Haus zu gehen hatte.

Als die kalten Tage schon vorüber waren, richtete sie einmal bei unserem gemeinsamen Abendessen unvermittelt an mich die Frage, wo und wie ich denn bei dem heutigen schönen lauen Wetter den Nachmittag verbracht hätte. Sie wette, daß ich auf dem Wolfert gewesen sei, denn sie wisse aus langer Erfahrung bestens Bescheid: «O Wolfert, o Wolfert, / Du wunderschöner Park, / Du könntest viel erzählen, / Doch manchmal wär's arg», prustete und hustete sie, während sie mit leicht zitternder Hand ihre Suppe löffelte. Bestimmt, spottete sie, hätte ich dort nicht nur nach den frisch ausschlagenden Bäumen, sondern auch nach den Mädchen geguckt. Sie seien, fügte sie gut gelaunt und einmal in Fahrt gekommen, hinzu, die schlimmsten Stolpersteine, solange man sich noch fragen müsse, ob man überhaupt dazu auserwählt sei, Geistlicher zu werden, wie die Leiter des Konvikts nur allzugut wüßten. Deshalb seien auch die Repetenten damit beauftragt, im Frühling immer einmal wieder hinter Büschen und Sträuchern nachzusehen, ob sich keiner ihrer Konviktoren dort mit einem Mädchen versteckt habe. Der jetzige, ein eifriger, wenn er über das Sechste Gebot rede, ständig errötender Anhänger der Schönstattbewegung, sei besonders bekannt dafür, obwohl er freilich so kurzsichtig sei, daß es wohl kaum schwer sein dürfte, ihn an der Nase herumzuführen.

Nach dem Tod von Fräulein Agathe eröffnete mir die Schwester der Verstorbenen, eine ebenso nüchtern wie sachlich argumentierende Frau, sie müsse mir leider zum Monatsende kündigen. Sie kam nach dem Tod ihrer Schwester mit ihrer puppenhaft herausgeputzten und zu allem, was die Mutter sagte, zustimmend lächelnden Tochter auf einige Wochen zur Regelung der Hinterlassenschaft von auswärts angereist und appellierte mit guten Gründen an mein Verständnis. Ich ließ es nicht daran fehlen. Aber guter Rat war nun teuer. Wer würde es sich schon antun, in so schwierigen Zeiten, wie wir sie durchlebten und deren Ende nicht abzusehen war, einen zusätzlichen Esser zu verköstigen, wo doch in jedem Haus die von den Gemeinden nach Abstimmung mit der französischen Militärregierung zugeteilten Lebensmittelrationen mit knapper Not ausreichten, um nicht zu hungern oder gar zu verhungern? Eine gute Bekannte meiner Mutter aus Bechtenrot, die seit Jahren in Ehingen als Sekretärin in einem Betrieb arbeitete, schaltete sich jedoch zu meiner Freude vermittelnd ein und brachte das fast unmöglich Scheinende fertig, mich als Untermieter an eine

Familie zu vermitteln. Fortan wohnte ich in der Sonnengasse, nur wenige Schritte von Stadtpfarrkirche und Marktplatz entfernt. Die Familie, die mich beherbergte, ließ bei mir das Gefühl der Fremde nicht aufkommen. Ihre Lebensführung entsprach in nahezu allem und in kleinstädtischer Entsprechung der mir wohlvertrauten eigenen ländlichen. Frau Steingart, die sich um meine Unterbringung und Verpflegung kümmerte, war mit einem in einer Möbelfabrik arbeitenden Schreiner verheiratet. Sie hatten einen einzigen Sohn, Karl-Heinz, der um drei Jahre jünger war als ich und mit dem ich das Schlafzimmer teilte. Ihm verdankte ich es letzten Endes, daß ich trotz allem in der Sonnengasse Aufnahme gefunden hatte. Die Eltern hatten sich wohl darüber verständigt, daß ein jüngerer Mitbewohner der Abwechslung und Belebung des Tagesablaufs dienen konnte, da im Haus auch noch die betagten Eltern von Frau Steingart lebten. Das große an der Sonnengasse liegende Gebäude war durch eine Aufschrift als «Wachszieherei Brand» ausgewiesen. Da der fast taube Großvater seinen Beruf bereits seit einigen Jahren aufgegeben hatte, kümmerten sich die beiden Frauen um das dort von ihnen eingerichtete Kurzwarengeschäft, in dem es freilich nur wenig zu kaufen gab, da es die Inhaberinnen, im Gegensatz zu Fräulein Agathe, versäumt hatten, bei Kriegsausbruch rechtzeitig irgendwelche Waren an verstecktem Ort zu verstauen. Großvater Brand lief den ganzen Tag auf dem zur Sonnengasse hinunterführenden Treppenabsatz mit einer, mochte auch die Quaste fehlen, an einen Fes erinnernden Kopfbedeckung herum. Er erwiderte, wenn ich von der Schule zurückkam, meinen Gruß stets zuvorkommend, wenn auch mit größtem Ernst, lüftete gleichzeitig für einen Augenblick seinen Kopfschutz und fragte dann, falls Karl-Heinz nicht bereits daheim war, ob ich ihn vielleicht gesehen hätte. Wenn ich sagen konnte, er werde wohl schon in wenigen Augenblicken ebenfalls um die Ecke biegen, hellten sich die Züge des Alten sichtlich auf, und auch der Großmutter war die Freude über die gute Nachricht deutlich ins Gesicht geschrieben.

Frau Steingart führte ihren Haushalt in einem im Hinterhof gelegenen und im wesentlichen aus einer Wohnküche bestehenden, früher wohl anderen Zwecken dienlichen Häuschen, das ihr Mann im Winter schon in aller Herrgottsfrühe beheizte, worüber ich sehr froh war. Das erlaubte mir, meine Hausaufgaben noch einmal in Ruhe durchzusehen, denn der bereits herumwerkelnde Frühaufsteher störte mich, während er seinen Tätigkeiten nachging, nie durch überflüssige Fragen. Falls unsere Blicke sich zufällig kreuzten, lächelten wir uns wortlos und verständnisvoll zu, als hätten wir es darauf abgesehen, uns gegenseitig zu bestätigen, daß Morgenstund allemal Gold im Mund hat. Der Tagesablauf, die Eß- und Schlafgewohnheiten, die Gebete und Kirchenbesuche der Familie hätten denen, die ich von Erolzheim her kannte, kaum ähnlicher sein können. Ob ich die Messen in der Konviktskirche vor Unterrichtsbeginn noch regelmäßig besuchte, wüßte ich nicht mit Bestimmtheit zu sagen. Dafür scheint aber zu sprechen, daß mich Rudolf Denkinger aus der Parallelklasse, der wie ich in der Sonnengasse wohnte, wiederholt beschimpfte, weil ich ihm wegen meiner fleißigen Kirchenbesuche von seiner frommen verwitweten Mutter ständig als nachahmenswertes Vorbild empfohlen wurde. Wenn es am Ende noch soweit kommen sollte, daß er meinetwegen jeden Tag eine Stunde früher aufstehen müsse, werde er sich wehren, drohte er mir, dann werde er seiner Mutter den Star stechen und ihr sagen, daß ich als scheinheiliger Bruder, der ich nun einmal sei, in Wirklichkeit nicht seinet-, sondern seiner Schwester Rosel wegen so häufig zu ihm auf Besuch käme. Womit er freilich so unrecht nicht hatte. Rosel war zwar älter als wir beide und bereits in der nächsthöheren Klasse, aber deshalb gefiel sie mir nicht weniger.

Mehr als die Amerikaner und die Engländer, durch deren Städte und Dörfer nie deutsche Soldaten marschiert waren, hatten es die Franzosen darauf abgesehen, es den endlich mit Hilfe ihrer Alliierten bezwungenen Siegern von 1940 zu zeigen, daß sich das Blatt gewendet hatte und daß sie fortan gleichberechtigt mit Amerikanern, Engländern und Russen die Zukunft des besetzten und zerschlagenen Großdeutschen Reichs mitbestimmen würden. Blauäugig wäre es gewesen, nach ihrem Einmarsch Nachsicht von ihnen zu erwarten. Es war zwar schlimm genug, konnte aber kaum überraschen, daß sie Häuser und Wohnungen beschlagnahmten, Industrieanlagen demontierten, Wälder abholzten und die Gefangenen nicht nach Hause entließen, sondern mitunter noch jahrelang in Bergwerken oder für den Wiederaufbau ihres durch die Kriegsereignisse arg in Mitleidenschaft gezogenen Landes einsetzten. Da blieb nur zu hoffen, daß die Vertreter der sich unter Aufsicht der Sieger allmählich wieder konstituierenden kommunalen und regionalen Institutionen und Behörden durch geschicktes und geduldiges Lavieren ihre dringendsten Belange vortragen und sich schließlich auch Gehör zu verschaffen vermochten. Darüber, was die unter dem Oberbefehl von General Koenig stehende Militärregierung in Baden-Baden im einzelnen vorhatte, herrschte jedoch Unklarheit. Immerhin konnte man den Eindruck gewinnen, daß den einzelnen Ortskommandanten bei der

Umsetzung der von ihr erlassenen allgemeinen Richtlinien ein gewisser Spielraum zugestanden wurde.

Im Vertrauen auf die zivilisatorische Kraft ihrer Sprache trugen die Franzosen dafür Sorge, daß Französisch erste Fremdsprache an sämtlichen höheren Schulen ihrer Besatzungszone wurde. Sie entsandten schon bald junge Germanistikstudenten als Schulassistenten an die Gymnasien und trugen Sorge dafür, daß in den Volkshochschulen allen Lernwilligen die Möglichkeit geboten wurde, französische Sprachkenntnisse zu erwerben. So weit, so gut. Aber wer konnte übersehen, daß der Eifer, mit dem sie sich an die Umerziehung von Menschen machten, die sie fast ausnahmslos vom Nationalsozialismus infiziert glaubten, häufig vom Dünkel erbarmungsloser und borniertetr Kolonisatoren diktiert und getragen wurde? Er brachte nicht selten und nicht zu Unrecht die gesamte Kulturpolitik der Militärregierung in Mißkredit. Da Bücher praktisch nicht verfügbar waren, veröffentlichte ein von den Besatzern in Offenburg gegründeter Lehrmittelverlag unter anderem eine Reihe von kommentierten französischen und deutschen Schulklassikern, was eine erhebliche Erleichterung im Unterricht und bei der Bewältigung der Hausaufgaben darstellte. Aber wie konnte man seinen Ärger über das von der Direction de l'Éducation Publique in den Mittel- und Oberstufen aller Schulen und damit auch in Ehingen seit Juli 1946 eingeführte Lesebuch «Beiträge zur Völkerverständigung» unterdrücken? Bildeten sich die Franzosen wirklich ein, das in dem Titel angesprochene Ziel lasse sich mit diesem Buch erreichen? In der Anthologie hatten die aus dem Französischen übersetzten Texte ein derart erdrückendes Übergewicht, daß der Eindruck entstehen mußte, der deutsche Beitrag zur Völkerverständigung sei praktisch inexistent. Die Lehrer gaben sich zwar bedeckt, freuten sich aber unverkennbar, wenn wir Schüler unseren Unmut über das zusammengestoppelte Machwerk äußerten.

Kein Zweifel: Die französische Militärregierung und vor allem Raymond Schmittlein, der mit der Leitung des Erziehungs- und Unterrichtswesens in der ihr unterstellten Besatzungszone beauftragt war, betrieben die Umerziehung der Deutschen mit geradezu missionarischem Sendungsbewußtsein und, wo ihnen dies nötig schien, mit inquisitorischer Strenge. Geschichtsunterricht war daher zunächst grundsätzlich untersagt. Zu groß war das Mißtrauen gegenüber den Lehrern, die, so wurde vermutet und unterstellt, noch gar nicht in der Lage waren, Wissen zu vermitteln, das nicht irgendwie von preußischem Militarismus und großdeutscher Ideologie durchsetzt war. Der kommissarische Schulleiter Schmid übernahm in unserer Klasse das nach einiger Zeit auf der Grundlage französisch inspirierter Texte wieder zugelassene Fach Geschichte. Sein geistliches Gewand und seine in politischer Hinsicht unbescholtene Vergangenheit gaben ihm hinreichend Freiheit, um seiner in Wirklichkeit durch und durch antifranzösischen Gesinnung Luft zu machen. Er hatte wohl kaum konkreten Anlaß, wegen irgendwelcher persönlich erlittener Schikanen mit den Besatzern zu hadern. Aber Frankreich stand für ihn als Symbol für Antiklerikalismus. Schließlich hatten die Bewohner des Landes König Ludwig XVI. geköpft und dann als Krönung ihrer Revolution von 1789, auf die sie so stolz waren, wie er uns entrüstet und zornbebend erklärte, auf dem Hochaltar von Notre-Dame ein nacktes Weibsbild als Freiheitsgöttin inthronisiert. Es waren letzten Endes die nämlichen Franzosen, die jetzt mit allen Mitteln die Konfessionsschule verhinderten und unter Mißachtung frei gewählter Mehrheiten den im Landtag eingebrachten und katholischem Geist verpflichteten Verfassungsentwurf von Lorenz Bock zu Fall brachten, und zwar zugunsten des von dem Halbfranzosen und Sozialdemokraten Carlo Schmid vorgelegten.

In den bald überall angebotenen Kursen der Volkshochschulen wurde Französisch meist von entsandten muttersprachlichen Lehrern unterrichtet. Mag ich mich auch nicht an ihren Namen erinnern, so ist mir doch der dragonerhafte Einsatz einer Madame mittleren Alters unvergessen, die dank ihres ebenso selbstsicheren wie energischen Auftretens keinerlei frivoler Zerstreuung Raum bot und damit größtmöglichen didaktischen Erfolg sicherstellte. Sie heilte mich ein für allemal von der klischeehaften Vorstellung, weiblicher Charme sei schon wegen der lexikalischen Herkunft des Worts fraglos als Synonym für französischen anzusehen.

Auch in einer kleinen Stadt wie Ehingen gab es im einzigen Kino wiederholt französische Filme mit deutschen Untertiteln zu sehen. Sehr preiswert waren außerdem französische Bücher und Schulklassiker zu kaufen. Da mir jedoch selbst das dafür erforderliche wenige Geld fehlte, verschacherte ich später meine beiden mir ab achtzehn jeden Monat zustehenden Raucherkarten zu je zwanzig Reichsmark, die es mir zum Beispiel ermöglichten, Balzacs «Le père Goriot» und Stendhals «Le rouge et le noir» und sogar ein kleines französisch-deutsches und deutschfranzösisches Wörterbuch zu erwerben, mit dessen Hilfe ich mich an die Lektüre dieser Romane machte. Ich ärgerte mich freilich regelmäßig, weil allzuoft ein Wort, das ich nicht verstand und nach dem ich suchte, darin nicht aufgeführt war. Aber auch dieses Hindernis war nicht unüberwindlich, da die Militärregierung dafür Sorge getragen hatte, die Stadtbücherei mit einigen französischen Nachschlagewerken und Wörterbüchern auszustatten. Nicht genug damit. Ein sympathischer junger Germanistikstudent aus Montpellier, der als Assistent an unserer Schule den Französischlehrern des Gymnasiums zugeteilt worden war, gab bereitwillig und amüsiert Auskunft, wenn es darum ging, Ausdrücke in dem uns unverständlichen und von den Wörterbüchern zumeist nicht berücksichtigten Argot, auf die wir gestoßen waren, zu erklären.

Während meiner Ehinger Jahre waren die Franzosen im Stadtbild zwar nicht zu übersehen, sie blieben für mich jedoch mit Ausnahme des von ihnen an unser Gymnasium abgeordneten Schulassistenten im wesentlichen gesichtslos. Sie verzichteten auf martialische und einschüchternde Truppenparaden oder die triumphale und geräuschvolle Zurschaustellung ihrer Gegenwart. Vielleicht war diese Zurückhaltung Jean Noutary, dem Gouverneur des Landkreises Ehingen/Donau, zu verdanken. Der Zufall wollte es, daß Traugott Manz, ein täglich aus Schelklingen anreisender Fahrschüler aus der Parallelklasse, auf der Suche nach einer entlohnten Tätigkeit, von der die Möglichkeit zur Fortsetzung seiner Schulausbildung abhing, von dem mächtigen Franzosen angeheuert und als enger Mitarbeiter von ihm beschäftigt wurde. Die Episode ist typisch für die Jahre französischer Besatzung. Es gab auf deutscher wie auf französischer Seite nicht wenige, die es so kurz nach Kriegsende wie die Generation ihrer Väter wahrscheinlich für eine von den Nornen oder Parzen von eh und je und für alle Zukunft vorbestimmte Schicksalsfügung hielten, daß bis ans Ende aller Zeiten Deutsche und Franzosen mit unerbittlicher Regelmäßigkeit wieder übereinander herzufallen hatten, um immer wieder einmal zu klären, ob die Vogesen oder der Rhein die Grenze zwischen ihren beiden Ländern bilden sollten. Da Traugott einer politisch belasteten Familie angehörte und mit dem Feindbildklischee groß geworden war, das die deutschfranzösischen Beziehungen zwischen den Weltkriegen im wesentlichen bestimmt hatte, war er nicht wenig erstaunt, daß Noutary kein Aufheben von der politischen Vergangenheit seiner Angehörigen machte. Er stellte ihn wider Erwarten als Mitarbeiter an, beauftragte ihn mit der Sammlung und Übersetzung von Zeitungsausschnitten und nahm ihn gelegentlich auch als Begleiter zu Fahrten zu sehenswerten Orten oder interessanten Archiven mit, da er als Herausgeber einer umfangreichen Publikation über Württemberg in französischer Sprache allerorten Material zusammentrug. Was den jungen Mitarbeiter Noutarys am meisten erstaunte und bald veranlaßte, seine pauschalen Vorurteile über den Erbfeind zu revidieren, war die Erfahrung, daß er von seinem Arbeitgeber nicht nur als Mittel zum Zweck betrachtet, sondern auch mit seinen eigenen Problemen ernst genommen wurde.

Bei guter Witterung war ich in meinen Ehinger Jahren nachmittags stundenlang auf dem Wolfert, wo ich, auf einer Bank sitzend, nicht nur eifrig französische, griechische oder lateinische Grammatik und Vokabeln lernte, sondern auch zahlreiche Bücher las, die in den elterlichen Wohnungen meiner Klassenkameraden oder meiner Schulhofbekanntschaften herumstanden und die mir wegen eines Umschlagbilds, eines Titels oder ihres mir wenigstens dem Namen nach bekannten Verfassers aufgefallen waren. Wenn ich dies wünschte, wurden sie mir zumeist bereitwillig ausgeliehen. Bücher gab es nicht zu kaufen, und falls es sie gegeben hätte, hätte ich nicht das nötige Geld dafür gehabt. Als ich dann aber in der Buchhandlung König doch einmal einen auf schlechtes Papier gedruckten und in schwarzen Pappkarton gebundenen schmalen Gedichtband mit dem Titel «Vanitas vanitatum» entdeckte, vermochte ich nicht zu widerstehen, den dafür geforderten Preis von einer Reichsmark zu bezahlen, um nicht nur im Laden stehend darin herumblättern zu können. Vor allem die dort abgedruckten Sonette eines mir gänzlich unvertrauten Andreas Gryphius hatten meine Aufmerksamkeit geweckt, weil hier, wie mir scheinen wollte, im Gegensatz zu dem von mir so hochgeschätzten Eichendorff nicht nur nach Herzenslust in die lyrischen Saiten gegriffen, sondern mit Worten und Versen streng und sparsam Maß gehalten wurde. Auch das von einem mir ebenfalls bislang unbekannten Klabund aus dem Chinesischen übersetzte Gedicht «Epitaph auf einen Krieger» eines gewissen Li-Po entdeckte ich zu meiner Freude in der Anthologie, und die Schlußstrophe prägte ich mir gleich ins Gedächtnis ein:

> Es führten viele fest ihr Pferd am Zügel.
> Der Ruhm der tausend Schlachten ist verweht.
> Was bleibt vom Heldentum? Ein morscher Hügel,
> Auf dem das Unkraut rot wie Feuer steht.

Ich staunte nicht wenig, als mir der Vater meines Mitschülers Willi Neu viel über Klabund erzählen konnte. Willi wohnte seit Kriegsende mit seinen Eltern und seiner Schwester Elfriede in der alten Molkerei in der Unterstadt. Ich erzählte von meinem Kauf in der Buchhandlung König, erwähnte auch die Gedichte, die mir besonders gut gefallen hatten, und war sehr überrascht, als mir sein Vater berichtete, er habe Klabund vor Jahren während seiner eigenen Tätigkeit als Buchhändler in Davos kennengelernt: In Wirklichkeit habe der Dichter Alfred Henschke geheißen, habe dann aber unter diesem vielleicht aus Klabautermann und Vagabund zusammengesetzten Pseudonym, das eigentlich Wandlung bedeute, seine Werke veröffentlicht. Leider habe ihn jedoch auch das Klima auf dem vielgerühmten Zauberberg nicht von seiner Schwindsucht heilen können. Willi, der sich gefreut hatte, daß er seinem Vater einen Freund mitgebracht hatte, dem der Name Klabund etwas sagte, war weniger glücklich, als ich fragte, was das für ein Zauberberg in Davos sei. Daß ich nicht wisse, daß es sich um den Titel eines berühmten Romans von Thomas Mann handle, das sei doch verständlich, wies der Vater den Sohn zurecht, schließlich habe keiner unserer Lehrer in den Jahren der Diktatur von diesem in der Emigration lebenden Schriftsteller gesprochen, seien seine Werke längst aus den Schaufenstern der Buchhandlungen verschwunden, auch aus vielen Bücherschränken entfernt worden und hierzulande immer noch nicht käuflich. Ich solle mich also nicht genieren, mich in den in seiner engen Wohnung herumstehenden und provisorisch verstauten Büchern umzusehen, forderte er mich auf und zeigte mir den einen oder anderen Band, den er aus den Regalen zog.

Solche Deutschstunden erwartete ich vergeblich von dem zunächst bei uns mit dem Fach betrauten Lehrer Allmendinger. Das einzig Lustige an ihm war sein Spitzname Bimbo. So hatte ihn, wie einige Schüler auf einem Bahnhof in der Umgebung Ehingens gehört hatten, einmal seine Frau gerufen. Er war daraufhin unverzüglich und folgsam zu ihr hingetrabt. Die Augenzeugen der kleinen Szene mutmaßten grinsend, der Spitzname sei wohl das einzige, was bei den beiden von den längst Vergangenheit gewordenen Neckereien verflossener Liebesnächte übriggeblieben sei. Allmendinger stoppelte, wie er uns mitleidheischend versicherte, in langen Nachtwachen aus ein paar Kompendien Daten, Namen und Titel der deutschen Literaturgeschichte zusammen. Am nächsten Morgen diktierte er sie uns in die Hefte. Schließlich überzog er das Zusammengelesene auch noch hilflos und einschläfernd mit dem Mehltau seiner Kommentare, die er aus zahllosen, verstreut auf seinem Pult herumliegenden Zetteln speiste. Die einzig vernehmbare Reaktion seitens der gelangweilten Zuhörer war dann zumeist ein gelegentlich aus bauchrednerischer Anonymität hervorbrechendes und nicht leicht zu ortendes «Bimbo».

Bereits Pfarrer Angele hatte mir die Schönheit des Bussen, des höchsten Bergs Oberschwabens, als einen mit dem Erolzheimer vergleichbaren Wallfahrtsort zur Schmerzhaften Muttergottes in lebhaften Farben geschildert. Ich durfte also seines Einverständnisses sicher sein, wenn ich mich, sobald es die Witterung erlaubte, auf einer Bank des Wolfert sitzend, die Hefte oder Bücher beiseite lassend, in den damals noch nicht durch Neubauten und Gartenanlagen verstellten Anblick des Bergs versenkte. Mehr als einmal gab ich mich der Träumerei hin, daß ich vielleicht in nicht allzu ferner Zukunft als ein zu Amt und Würden gelangter Geistlicher in seiner näheren oder weiteren Umgebung, in Saulgau, in Buchau am Federsee oder in Uttenweiler, mein Leben bis zum Tag meines seligen Endes verbringen würde. Gewiß würde es mir dort auch nicht an der nötigen Muße fehlen, um im Sommer in einem von wildem Wein umrankten Gartenhaus oder im Winter in einem behaglich geheizten Studierzimmer, vielleicht gar, wie von Kindesbeinen an, von meiner Schwester Maria umsorgt, in ungestörter Ruhe jene Bücher zu lesen, die mir früher nicht zugänglich gewesen waren.

Diese Träumereien wurden jedoch gelegentlich unterbrochen, weil mir ein Mädchen, das mir auf dem Schulhof schon mehrfach Zettelchen zugesteckt hatte, vom Fenster einer Dachluke aus mit einem Wäschestück zuwinkte. Jedesmal, wenn sie eines dieser von der Leine ihres Dachbodens gegriffenen Liebessignale hin- und herschwenkte, verschwand die Luftspiegelung meiner Zukunft als Pfarrer vor meinem Auge und löste sich in Nichts auf. Als ich Willi, der mich mehr als einmal auf den Wolfert begleitete, glückselig von den mir zugedachten geheimen Botschaften erzählte, zog er kommentarlos einige Papierchen aus der Tasche, auf denen in der nämlichen Handschrift nahezu gleichlautende Versicherungen huldvoller Zuneigung standen. Ich versuchte ihm durch eingehenden Vergleich unserer Texte klarzumachen, um wieviel günstiger meine Chancen bei der von uns Verehrten standen. Er hielt mit Argumenten, die für ihn zu sprechen schienen, dagegen.

Der Zufall wollte es, daß die mich völlig verzaubernde Schöne in unmittelbarer Nachbarschaft meines neuen vielseitig begabten Freundes Otmar Reuter aus der Parallelklasse wohnte. Der sah mich spöttisch an, wenn ich nicht mehr in der Lage war, seinen Argumenten zu folgen, weil die in unzugängliche Unnahbarkeit Entrückte wieder einmal auf dem Balkon erschienen war, um aufs anmutigste die dort herumstehenden Pflanzen zu gießen. Als sie einmal zwischen den Zweigen eines bis dort hinauf blühenden Pfirsichbaums aus der Höhe zu uns herunterlächelte, war meine Glückseligkeit grenzenlos. Otmar bemühte sich redlich, aber unter derartigen Umständen vergeblich, meiner ohnehin nicht überdurchschnittlichen Begabung für Naturwissenschaften und Mathematik etwas auf die Sprünge zu helfen. Erschwerend kam hinzu, daß auch seine um zwei Jahre jüngere, ungestüm heranwachsende Schwester der Konzentration nicht gerade förderlich war: Ihre zumeist von keinerlei Zaumzeug der Miederindustrie gebändigten Brüste, die sich unter ihren Blusen und Pullovern keck und aufregend abzeichneten und diese fast durchbohrten, waren kaum weniger scharf als der Verstand ihres Bruders.

Die Enttäuschung bei der Ersten Heiligen Kommunion, daß sich eine in Christi Leib und Blut verwandelte Hostie für den Gaumen gar nicht von einer x-beliebigen Oblate unterscheiden ließ, hatte ich im Lauf der Jahre überwunden, wenn mir auch die Frage nach der Gnadenwirkung des Abendmahls als ein nach wie vor unergründliches Geheimnis erschien. An einer Gewißheit ließ ich mich aber lange nicht irre machen: Die teilnehmende Güte und die bewundernswerte Besonnenheit, die unseren Pfarrer Angele vor allen anderen Menschen im Dorf auszeichneten, war nur mit den Gaben des Heiligen Geistes zu erklären, die einem täglich die Heilige Messe zelebrierenden Priester in wunderbarer Fülle zuteil wurden.

Wie enttäuscht war ich daher, wenn ich unsere beiden geistlichen Lehrer, den Konviktsdirektor Lenk und den kommissarischen Schulleiter Schmid, mit unserem Dorfpfarrer verglich. Beide brachten uns zwar mit beachtlichem Geschick und unbestreitbarer didaktischer Kompetenz die von ihnen vertretenen Fächer Religion und Griechisch bei, aber an Wärme und Herzlichkeit ließ es der eine wie der andere fehlen. Ihnen merkte man auch beim besten Willen nicht an, daß sie vor dem Unterricht die Heilige Messe zelebriert hatten. Wo blieb bei ihnen die Gnadenwirkung? Der Leiter des Konvikts war zwar nie um eine Antwort verlegen, wenn es darum ging, die Bestimmungen, Gebote und Verbote des im 16. Jahrhundert einberufenen Konzils von Trient sowie des auf ihm fußenden und 1917 von Benedikt XV. promulgierten «Codex juris canonici» darzulegen und zu erläutern. Was hatte diese geisttötende Paragraphenfuchserei aber mit Christus und den Seligpreisungen der Bergpredigt zu tun? Immerhin argumentierte Lenk mit lebhafter und oft auch witziger und schlagfertiger geistiger Beweglichkeit.

Buchstäblich ausgetrocknet war der kommissarische Schulleiter Schmid. Das von ihm ständig zur Maßregelung unvorbereiteter Schüler benutzte «Strohkopf» war am Ende als Spitzname an ihm selbst hängengeblieben. Zuverlässig bedachte er jeden, der sich verdattert und hilflos an die Aoristform eines griechischen Verbs zu erinnern suchte, mit süffisantem und müdem Lächeln. Mit einem abgedroschenen «Werden Sie nur Baumeister, Ihnen fällt nichts ein» suchte er den Unbedarften schließlich endgültig zu vernichten.

Ich war vor Freude dreimal in die Luft gesprungen, als mir mein Klassenkamerad Lorenz Hagnauer in Ehingen eines Tages auf dem von uns gelegentlich benutzten Sportplatz nicht weit von der Biberacher Straße mitgeteilt hatte, er habe vom Leiter des Konvikts erfahren, auf Druck der Franzosen werde in Zukunft im letzten gymnasialen Schuljahr außer Religion auch das Fach Philosophie unterrichtet. Weniger glücklich war ich dann freilich, als ich bald darauf erfuhr, daß der von unserem Lateinlehrer Breitenbacher in der Schulleitung abgelöste Schmid damit beauftragt worden war. In mißmutiger und zynischer Greisenhaftigkeit, die er wohl für sokratische Ironie hielt, wurden uns von ihm auch in einem Fach, von dem ich mir so viel versprochen hatte, die bereits aus seinem Griechischunterricht wohlvertrauten abgestandenen Witzchen wieder aufgetischt. Sie waren wenig geeignet, meine auf die Philosophie gesetzten Erwartungen einzulösen. Dies besorgte schon eher mein Vetter Reinhold, der sich im Winter 1947/48 in Freiburg für das Fach Volkswirtschaft immatrikuliert, dort auch Vorlesungen über Philosophie besucht und auf Matrize vervielfältigte Aufzeichnungen der von ihm gehörten Einführungen mit nach Erolzheim gebracht hatte.

Als meine Schwester Else sich am Kirchweihmontag 1947 in Edelbeuren verheiratete und es mir wegen der damaligen Verkehrsverhältnisse nicht möglich war, bereits am nächsten Tag wieder zum Unterricht zu erscheinen, maßregelte mich Schmid vor versammelter Klasse wegen der Unerhörtheit meines Vergehens. Er frage sich und mich, was ich denn auf der Hochzeit nach der Trauung in der Kirche noch zu suchen gehabt hätte. Ein Fußmarsch von 40 Kilometern wäre doch wohl kaum ein unzumutbares Ansinnen gewesen. Es ging ihm bei dieser Strafpredigt um mehr als schulische Disziplin. Die sich allerorten regenden Versuche, das Leben nach dem Krieg wieder zu normalisieren und dieser und jener Lustbarkeit Raum zu geben, waren ihm ein Greuel. Besonders deutlich wurde es, als er mit allen Mitteln kraft seines Amtes einen in jenen Jahren für die künftigen Abiturienten von einem ortsansässigen Tanzlehrer organisierten Kurs zu verhindern suchte. Ich mußte aus finanziellen Gründen auf die Teilnahme verzichten. Diejenigen, die sich aber von Schmids eifernder Ablehnung nicht einschüchtern ließen, behandelte er mit alttestamentarischer und nachtragender Unerbittlichkeit.

Mein Gesundheitszustand muß mich oder meine Umgebung von einem bestimmten Zeitpunkt an beunruhigt haben. Weshalb hätte ich sonst den Internisten aufgesucht, von dem man sich in Ehingen viel Gutes erzählte? Die von ihm nach Anhörung meiner Beschwerden und einigen Laboruntersuchungen getroffene Diagnose «Thyreotoxikose» erschreckte mich nicht im geringsten. Ich konnte mir unter der Krankheit zwar nichts Genaues vorstellen, aber daß sie mit einem griechischen Namen bezeichnet wurde, das zeigte doch mir und jedem, daß der ärztliche Befund eines den humanistischen Zweig des Gymnasiums besuchenden jungen Mannes nicht ganz unwürdig war. Hätte der Internist davon gesprochen, daß irgendein Organ meines abgemagerten, von plötzlichen Schweißausbrüchen, zittrigen Händen und jagendem Puls gebeutelten Körpers vergiftet oder entzündet sei, hätte mich das weit mehr beunruhigt als das Wort Toxikose, das ob seines vornehmen Klangs und seiner nur Eingeweihten verständlichen Bedeutung eher eine nicht allen zukommende und vergönnte Auszeichnung als eine Heimsuchung zu bezeichnen schien. Der Internist erklärte mir mit der Überfunktion meiner Schilddrüse meinen kaum noch zu stillenden Appetit und meine auch noch unter so vielen Mageren auffällige Magerkeit. Es sei die falsche Krankheit in einer Zeit der Hungersnot, sagte er bedauernd. Er werde sich aber darum bemühen, mir zu einer Lebensmittelsonderzuteilung zu verhelfen. Eine Heilung von meinen Beschwerden sei ohne Operation möglich, meinte der Arzt auf meine Frage, aber das Medikament, mit dem er mich zu behandeln wünsche und von dem er sich ein gutes Ergebnis verspreche, sei nur in der Schweiz erhältlich, und es sei wohl unwahrscheinlich, daß ich dort jemanden kenne. Frau Steingart, deren klarer Verstand und ausgeprägter Sinn für Machbares und Mögliches bei der Lösung auftauchender Schwierigkeiten dem meiner Mutter nicht unähnlich war, wußte Rat, da sie vor dem Krieg bei einer Apothekerfamilie in der Schweiz gearbeitet hatte: In dem mich betreffenden Fall gehe es eindeutig nicht darum, nach langen Jahren eine alte Verbindung in der törichten Hoffnung wiederanzuknüpfen, bei nächster Gelegenheit oder zu Weihnachten ein Pfund Kaffee oder eine Tafel Schokolade zugeschickt zu bekommen, sondern um eine ernste Angelegenheit, daher scheue sie sich auch nicht, der Apothekerfamilie mein gesundheitliches Problem zu schildern. Ihr Brief hatte Erfolg, und der Arzt nahm mich in seine innere Abteilung im Krankenhaus auf, da er, wie er mir erklärte, unbedingt meine Reaktion auf das von ihm bislang unerprobte Arzneimittel mit der in einem solchen Fall unerläßlichen Sorgfalt aus nächster Nähe überwachen müsse.

So lag ich denn mehrere Wochen im Ehinger Krankenhaus in einem Zimmer mit drei anderen Kranken, deren Zustand es mir leichtmachte, mich über den eigenen nicht zu beklagen. Ich war nämlich der einzige, der aufstehen, zu Besuchszeiten bei schlechter Witterung mit seinen Gästen auf dem Gang herumwandeln oder an schönen Tagen sogar im Garten spazierengehen konnte. Wenn ich einen Wunsch hatte – meistens handelte es sich um Bücher –, wurde er dem nächsten Besucher weitererzählt, der versuchte, ihn mir sobald wie möglich zu erfüllen. Als ich eines Nachts wegen einer mir aus welchem Grund auch immer verordneten Einnahme von Rhizinusöl, ahnungslos schlummernd, meinen Schlafanzug übel zugerichtet hatte, zog Frau Steingart, die mich am kommenden Tag besuchte und der ich beschämt von meinem Malheur erzählte, ohne viel Federlesens zu machen, das übelriechende Stück aus dem Nachttisch, rollte es energisch zusammen, steckte es in ihre Tasche und beendete meine verlegenen Entschuldigungen mit dem Bescheid, solange mir im Krankenhaus nur Sachen passierten, die sie allein und ohne Hilfe des Arztes wieder in Ordnung bringen könne, solle ich guter Dinge sein.

Und sie hatte recht, wenn man den Jammer in meinem Zimmer ansah: Ein junger Mann, der eine nasse Rippenfellentzündung hatte und während meines Krankenhausaufenthalts mehrmals punktiert wurde, lag direkt neben mir. Bei ihm wollte es um alles in der Welt nicht besser werden. Ein älterer wassersüchtiger Patient wurde ebenfalls wiederholt mit der gefürchteten Hohlnadel traktiert, da sein Bauch regelmäßig und bereits schon wenige Tage nach der erlittenen Tortur wieder zu einer prallen Trommel anschwoll. Er ließ die Prozedur jedesmal mit einer bewundernswerten Geduld über sich ergehen. Am schlimmsten war freilich die Nähe und der Anblick des Kranken, der in einem türlosen Nebenraum unseres Zimmers lag. Man hörte ihn bei Tag und Nacht fast unaufhörlich jammern und winseln. Von meinem Bett aus sah ich nur seine ausgemergelten Beine, wenn er wieder einmal, sich vor Schmerzen aufbäumend, die Decke und das Laken von sich gestrampelt hatte. Nur ein paarmal gelang es ihm, sich, auf seine Hände und Arme gestützt, aufzurichten und mit seinem nach einer Magenoperation zu einem Totenschädel abgemagerten Kopf, in dessen tiefen Höhlen ein verzweifeltes Paar dunkler Augen flackerte, aus dem Türrahmen wortlos zu uns herüberzunicken. Wie froh war ich nach diesen furchterregenden Erscheinungen immer, daß ich als einziger im Zimmer aufstehen, das trostlose Gebäude verlassen und für einige Zeit unter den hohen Bäumen im Freien dem Rauschen der Zweige und dem Zwitschern der Vögel zuhören konnte.

Nach der mehrwöchigen Behandlung schickte mich der Arzt zur Erholung nach Erolzheim. Dort begrüßte mich der benachbarte alte Sauter mit einem von Herzen kommenden, freudige Überraschung bekundenden «Jetzt leck mich bloß gleich am Arsch. Du bist ja der Hans, aber du siehst ja zum Fürchten aus», fügte er besorgt und vorwurfsvoll hinzu. Er hatte auch gleich eine Erklärung für meinen Zustand: «Das kommt bestimmt vom vielen Studieren.» Als ich ihm aber sagte, ich käme gerade aus dem Krankenhaus, sagte er mir, ich solle warten, lief schnell davon, holte ein paar Eier und brachte gleich auch einen Teller mit Grieben und Blut- und Leberwurst mit. Das werde mir helfen, wieder zu Kräften zu kommen.

Auch meine Mutter erschrak, als sie mich ganz unerwartet vor der Türe stehen sah und von mir hörte, daß mir bei der Entlassung vom Krankenhaus in Ehingen dringend empfohlen worden war, nach der Behandlung mit den Tabletten aus der Schweiz zu versuchen, wieder zu Kräften zu kommen. Aber als sie die Eier und die Würste und die Grieben sah, lachte sie: Die seien bestimmt vom Nachbarn Sauter, dessen schwarz geschlachtetes Schwein vor ein paar Tagen durch sein lautes Grunzen und Quieken im ganzen Viertel gehört worden sei.

Besonders für Familien, die auf Nachricht von einem Vermißten warteten, war der Krieg nach der deutschen Kapitulation Anfang Mai noch nicht zu Ende. Auch unser Josef war noch nicht zu Hause, aber wir gehörten zu den Glücklichen, die damit rechnen konnten, er werde nun in absehbarer Zeit aus der Gefangenschaft in Amerika entlassen. Fast hätten ihn freilich die Franzosen aus einem *Prisoner of War* zu einem *prisonnier de guerre* gemacht, als er endlich im Sommer 1946 in Le Havre und damit in Europa eintraf. Diese Aussicht schlug ihm derart auf den Magen, daß der Arzt, der ihn auf seine Tauglichkeit für den Wiederaufbau Frankreichs untersuchte, die über sein weiteres Schicksal entscheidende Kommission überzeugen konnte, das bleiche und blasse Jammerbild in die Heimat zu entlassen.

Er sei bereits mit einem anderen in Kellmünz, wurde uns von einem aus Ulm heimkehrenden Erolzheimer gemeldet. Ich fuhr Josef mit dem Fahrrad entgegen und traf ihn dann in Gesellschaft des ebenfalls aus der amerikanischen Gefangenschaft entlassenen, mit ihm gleichaltrigen Franz Sachs vor der Kirche in Dettingen im Schatten eines Baumes hockend, wo sich die beiden neben ihren schweren Seesäcken etwas verschnauften. Bilder dieser denkwürdigen Augenblicke jener Jahre sind selten photographisch, sondern zumeist ausschließlich in der nunmehr zu baldigem Verlöschen bestimmten persönlichen Erinnerung der Zeitzeugen festgehalten worden.

Im Sommer 1947, dessen außergewöhnliche Hitze und Trockenheit die Ähren am Halm verdorren und nichts Gutes für die Lebensmittelversorgung im kommenden Winter erwarten ließen, unternahmen Josef und ich mit zwei Laib Brot und einer alten Decke im Rucksack eine viertägige Reise an den Bodensee. Ich hatte in einem Jugendherbergsführer, den uns einmal eine Tante ins Haus gebracht hatte, gelesen, aber auch von Leuten, die Bescheid wußten, gehört, wieviel Interessantes es dort zu sehen gebe. Mutter und Schwestern suchten uns das Vorhaben auszureden. Josef aber hielt dagegen, es sei doch eigenartig und schon beinahe eine Schande, daß er sich in Amerika fast besser auskenne als in einer Gegend, die praktisch vor der Haustüre liege. Da ließen die Frauen uns ziehen.

Wir fuhren mit dem Postauto bis nach Biberach und von dort mit dem Zug bis nach Friedrichshafen. Hier schifften wir uns nach Konstanz ein. Zu unserer Überraschung war auf dem Dampfer das Oberdeck ausschließlich für die Franzosen reserviert. Uns und den anderen miteingestiegenen Deutschen war der Zugang dorthin aufs strengste verboten. Das ärgerte uns nicht wenig, war es doch, als würden einem im eigenen Haus Türen, Kästen und Schubladen verschlossen. War der Bodensee nicht unser Schwäbisches Meer? Die fremden Herrschaften guckten vom Oberdeck aus so hochnäsig darauf hinab, als gehöre es seit undenklichen Zeiten und für alle Ewigkeit zu Frankreich und als seien wir, die auf gut Glück auf dem Unterdeck herumkauerten und -standen, für sie der letzte Dreck. Josef erklärte mir, als ich meinem Unmut mit halblauter Stimme Luft gemacht hatte, er kenne das aus Amerika. Er meine damit nicht, daß er als Kriegsgefangener einer Reihe von Geboten und Verboten unterworfen gewesen sei. In einer derartigen Situation sei dagegen ja nichts einzuwenden, wenn man ansonsten korrekt behandelt und ausreichend ernährt werde. Nein, er sehe sich durch unser Eingepferchtsein auf dem Dampfer an die Stellung der Schwarzen in den USA erinnert, denen in öffentlichen Verkehrsmitteln und an den Schaltern der Ämter durch schikanöse Verordnungen auch ständig gezeigt werde, daß sie sich als Menschen zweiter Klasse zu betrachten hätten. In den französischen Kolonien sei das wahrscheinlich nicht anders, und manche der Besatzer führten sich hier eben auf, als seien sie auch bei uns in Afrika oder Indochina. Aber, sagte Josef auch, das müsse man wohl vorerst hinnehmen, das sei eben nichts anderes als die Retourkutsche, die nach dem verlorenen Krieg von den Franzosen zu erwarten gewesen sei, die vier Jahre lang von den Deutschen wahrscheinlich oft viel schlimmer drangsaliert worden waren als wir.

Ich gab meinem Bruder zwar recht, verstand auf dem Schiff aber auch die Wut jener, die in Erolzheim und auch in Ehingen davon erzählt hatten, wie schlimm sich der Lattre (sie meinten Jean de Lattre de Tassigny, den Oberbefehlshaber der Ersten Französischen Armee) in den Monaten nach Kriegsende in Lindau aufgeführt und aufgespielt habe, nicht anders, als sei er der König von Frankreich. Zum Glück gab es die Amerikaner, meinten die Leute, wenn sie davon sprachen. Die zeigten den Franzosen wenigstens immer wieder einmal, wer den Krieg tatsächlich entschieden und gewonnen hatte. In aller Deutlichkeit hatte man es ja gesehen, wer in Wirklichkeit das Sagen hatte, als die Gernegroße, trotz gegenteiliger vorheriger Absprachen mit ihren Alliierten, kurz vor Kriegsende noch Stuttgart erobert und besetzt hatten, dann aber einige Monate später mit eingezogenem Schwanz wieder aus der Stadt abziehen mußten.

Wir waren froh, als wir nach unserer Überfahrt nach Konstanz und inzwischen bereits auf dem Weg zur Reichenau über all das, worüber wir auf dem Schiff nur mit der uns geboten scheinenden Vorsicht gesprochen hatten, nun offen reden konnten. Ich wußte zwar, daß es auf der Reichenau ein paar sehr berühmte Kirchen gab, die schon über tausend Jahre alt waren, aber doch nicht so recht, welche von ihnen und was man unbedingt gesehen haben mußte, wenn man später nicht verlacht werden wollte, weil man wie der erste beste Dummrian über das Schönste und Wichtigste gestolpert war, ohne es überhaupt zu merken. Auf die Insel führte eine schöne Straße, was uns sehr freute, so mußten wir nicht schon wieder an einer Schiffskasse zum Geldbeutel greifen. Ab und zu fuhr ein französisches Militärfahrzeug vorbei. Aber die Insassen nahmen genausowenig Notiz von uns wie ihre Landsleute auf dem Schiff. Das konnte uns jetzt nur recht sein. Als wir nicht mehr weit von Oberzell waren, wußten wir, daß jetzt am Abend die Georgenkirche bestimmt bereits geschlossen war. Außerdem waren wir fast ohnmächtig vor Hunger, zum Umfallen müde und wollten uns, sobald wir ein paar Scheiben Brot verdrückt hatten, auf eine der frischgemähten Wiesen, auf denen das Gras zum Trocknen in kleinen Haufen oder langgestreckten Mahden herumlag, zum Schlafen legen, obwohl es mitten im August wegen der damals eingeführten doppelten Sommerzeit auch um neun Uhr abends immer noch taghell war. Für unsere Übernachtung schoben wir besonders gut getrocknetes Krummet zusammen, das die Bauern sicher am nächsten Tag in die Scheuer fahren wollten. Zu unserer Freude entdeckten wir dabei mehrere Pfund darunter versteckter reifer Zwetschgen, über die wir, ohne lange zu überlegen, gierig herfielen. Der Hunger war größer als der Schlaf, und das schmackhafte Obst machte uns bald wieder etwas munterer. Auf einmal sagte Josef, nachdem er einen Stein ausgespuckt hatte, jetzt sei es genug. Unser Schwächezustand bei der Ankunft auf der Wiese habe unseren diebischen Zugriff auf den unerwarteten Fund bis zu einem gewissen Grad gerechtfertigt. Aber da nun unser schlimmster Hunger gestillt sei, müsse unserer Freßgier durch ein energisches «Bis hierher und nicht weiter» ein Riegel vorgeschoben werden. Ich war anderer Meinung, nahm mir die nächste Zwetschge und fragte meinen Bruder, ob er denn nicht wisse, daß sogar der Heilige Augustinus Birnen geklaut habe. Er wollte Näheres hören. Ich gab als Gewährsmann den Leiter des

Ehinger Konvikts an, der im Religionsunterricht sich über die in den «Bekenntnissen» des Kirchenvaters berichtete Episode ausführlich verbreitet hatte. Ich spuckte und schluckte. Wahrscheinlich habe der Heilige sich dessen aber nicht gerühmt, sondern sich das Getane zum Vorwurf gemacht, vermutete Josef richtig. Das stimme, aber sein Fall, erklärte ich ihm, sei mit dem unseren eigentlich gar nicht zu vergleichen, weil Augustinus die Birnen gar nicht selber gegessen, sondern aus bloßem Mutwillen, aus purer Bosheit gestohlen und dann den Schweinen zum Fraß vorgeworfen habe. Vor allem dessen habe er sich später bezichtigt. Mit Recht, wie auch mir scheinen wollte. Wie alt Augustinus denn damals gewesen sei, wollte mein Bruder noch erfahren. Ich räumte ein, daß er zum Zeitpunkt der Untat um ein paar Jahre jünger als ich gewesen sei. Josef nahm es als Beweis dafür, daß mein Beispiel nicht viel tauge und der Vergleich hinke, und verwehrte es mir jetzt aufs entschiedenste, noch eine allerletzte Zwetschge zu stibitzen. Inzwischen fiel es auch mir nicht mehr schwer, auf sie zu verzichten, und wir verkrochen uns friedlich in die von uns zum Biwakieren zusammengeschobenen Heuhaufen. Wir wachten zwar wegen der uns belästigenden Schnaken und des Aufklatschens der ihnen mit flacher Hand zugedachten Schläge, mit denen wir uns schlaftrunken ihrer Stiche erwehrten, immer wieder auf. Aber der Ärger über die lästigen Insekten verflog jedesmal schnell bei mir, sobald ich die Sterne über mir blinken und dann gegen Morgen die erste Helle im Osten aufscheinen sah. Nie zuvor hatte ich eine ganze Nacht unter freiem Himmel verbracht.

Am nächsten Morgen (es muß Mariae Himmelfahrt gewesen sein) gingen wir in Oberzell zunächst zur Messe und dann an den See zum Baden. Als wir wieder aus dem Wasser gestiegen waren, uns am Ufer mit knurrendem

Magen zum Trocknen auf den Sand gesetzt hatten und zu dem am sonnenbeschienenen Schweizer Ufer liegenden Ermatingen hinüberschauten, trug ein sanfter Südwind zu allem Überfluß auch noch friedlich-festtägliches Glockenläuten von dort zu uns herüber. Es war unmöglich, in einem solchen Augenblick keine weltgeschichtlichen Betrachtungen anzustellen. Schön wäre es gewesen, wenn auch uns wie den Schweizern dieser gottverdammte Hitler und dieser endlose Krieg und Nachkrieg erspart geblieben wäre. Fast wollte es uns zu allem Überfluß auch noch scheinen, die leichte Brise aus dem Süden dufte nach Bohnenkaffee, den die dort drüben jetzt wahrscheinlich zu ihren mit Butter und Marmelade dick bestrichenen Semmeln aus Weizenmehl beim Frühstück tranken, während wir unser trockenes Schwarzbrot hinunterwürgten. Wir trösteten uns dann aber damit, daß wir im Gegensatz zu den vielen, die gefallen oder immer noch in Kriegsgefangenschaft waren, trotz allem am Schwäbischen Meer einen schönen Sommertag erleben und auf die Berge im Süden schauen konnten.

Um Mittag fuhren wir mit dem Zug von Konstanz nach Radolfzell, wo wir einen französischen Film mit deutschen Untertiteln sahen. Er hieß «Pique Dame», spielte aber in Rußland. Da sowohl Josef wie ich «Schuld und Sühne» gelesen hatten, wußten wir, daß uns eine spannende Geschichte erwartete, wenn sie auch nicht von Dostojewski, sondern bloß von dem uns unbekannten Puschkin war. Wir wurden nicht enttäuscht, denn auch in dem Film ging es wie in «Schuld und Sühne» um eine Liebesgeschichte und um eine alte Frau, die hier von einem jungen Mann zwar nicht umgebracht, aber doch zu Tode erschreckt wird, als dieser plötzlich in ihrer Schlafkammer erscheint, um von ihr unbedingt ein Spielkartengeheimnis zu erfahren. Am Schluß kam der junge Mann nicht wie Raskolnikow nach Sibirien. Dafür wurde er aber verrückt. Solche Geschichten interessierten uns jetzt mehr als Karl May, und Josef erzählte mir auf dem Weg zum Bahnhof, daß er in amerikanischer Gefangenschaft «Das Bildnis des Dorian Gray» von Oscar Wilde gelesen habe. Da komme auch ein junger Mann vor, der zwar äußerlich immer schön und elegant sei, in Wirklichkeit aber immer mehr verkomme, wie er deutlich an einem gemalten Porträt sehen konnte, auf dem er abgebildet war. Dieses Buch, gestand mein Bruder, habe ihn so sehr beunruhigt, daß er es, nachdem er es ausgelesen hatte, heimlich verbrannt habe, obwohl es gar nicht ihm, sondern der kleinen Bibliothek im Gefangenenlager gehört habe.

Weil wir das Münster in Radolfzell wegen «Pique Dame» nicht besucht hatten, sahen wir uns, als wir in Überlingen eingetroffen waren, gleich das dortige an, waren aber froh, daß es nicht allzuviel zu bewundern gab, weil wir allmählich wieder hungrig und müde waren und noch bis nach Birnau wollten, da dort, wie wir wußten, eine berühmte Wallfahrtskirche über dem Bodensee mit Blick auf die Schweizer Berge zu besichtigen war. Als wir in der Nähe eine Wiese gefunden hatten, die uns geeignet zum Übernachten schien, sah Josef ein Mädchen, das gerade Zwetschgen erntete. Er ging freundlich grüßend zu ihr hinüber und plauderte eine Weile mit ihr: Da schenkte sie ihm einige ihrer Früchte, worüber wir sehr froh waren, weil unser erster Laib Brot schon längst aufgegessen war. Als wir uns bald danach endlich in das zu Haufen zusammengeschobene Krummet verkrochen, sagte Josef noch: «Ein gutes Gewissen ist ein sanftes Ruhekissen». Er dachte, im Gegensatz zu mir, immer noch an die am Vortag gestohlenen Zwetschgen.

Unteruhldingen, das wir am nächsten Tag besuchten, hätten wir uns auch sparen können. Nicht, daß wir erwartet hätten, wir würden von den Steinzeitmenschen persönlich durch die Pfahlbauten geführt. Aber um das beim Eintritt bezahlte Geld für das Freilichtmuseum tat es uns leid, als wir in den Wellblechbaracken, in denen man vor Hitze fast krepierte, bloß ein paar Scherben und Steine herumliegen sahen. Wenn das keine Bauernfängerei war! Fast noch mehr als über die Veranstalter waren wir über uns selbst verdrossen, da wir ihnen auf den Leim gegangen waren.

Meersburg gefiel uns schon besser. Josef fand die Burg, die Gassen und die Weinberge genauso schön wie ich, aber er wollte nicht unbedingt einsehen, warum wir unter sengender Sonne bis zum Friedhof hinauspilgern sollten, um das Grab der Dichterin Annette von Droste-Hülshoff zu besuchen. Den Weg dorthin suchte ich ihm zu verkürzen, indem ich ihm erzählte, was ich alles über sie in einer, wie ich zugab, vielleicht etwas romanhaft ausgeschmückten Biographie gelesen hatte. Aber nicht einmal Annettes Liebe zu dem als Bibliothekar bei ihrem Schwager auf dem Schloß in Meersburg lebenden und um einiges jüngeren Levin Schücking fand er besonders aufregend. Und schon gar nicht das eher verwahrloste Grab, als wir endlich vor ihm standen. Außer Goldruten, die fast alles überwuchert hatten, wuchs nicht viel darauf. Da wir diese Pflanzen im Garten zu Hause eher als Unkraut denn als Zierde ansahen, schienen sie mir auf dem Grab der größten deutschen Dichterin ein wenig fehl am Platz.

Aber inzwischen war auch unser zweiter Brotlaib zum größten Teil aufgebraucht. Wir fuhren in der Hoffnung, noch bis nach Erolzheim zu kommen, am späten Nachmittag nach Friedrichshafen, erreichten von dort aber nur noch Aulendorf, wo wir hungernd und, trotz der mitgebrachten Decke, frierend in einem am nächsten Morgen vom Tau völlig durchnäßten Heuhaufen übernachteten. Heilfroh waren wir, als wir schließlich zum Mittagessen wieder zu Hause waren.

Nach den kläglichen Deutschstunden Bimbos und dem lähmende Angst verbreitenden Französischunterricht beim Lehrer Kienzle war es eine Wohltat für unsere Klasse, als Hugo Frommlet mit den beiden Fächern betraut wurde. Die Schüler nannten ihn in Abwandlung seines Namens Kotlett oder mit eher bewunderndem, wenn auch nicht gerade zärtlichem Unterton Coddy. Er wußte darum, ohne viel Aufhebens davon zu machen. Sein unerschütterliches Selbstbewußtsein bewahrte ihn stets zuverlässig davor, sich von jedem vorlauten pubertierenden Jüngling oder jeder herangeblühten schnippischen Jungfrau aus der Fassung bringen zu lassen. Hinsichtlich seiner französischen Sprachkenntnisse übertrug sich sein von keinerlei Selbstzweifeln angefochtener pädagogischer Stil in wohltuender Weise auch auf seine Schüler. Niemand fragte sich im Ernst, ob ein bei einer Klassenarbeit erzieltes unbefriedigendes Ergebnis etwa dem Lehrer anzulasten sei. In den seltenen Fällen, wo eine derartige Unterstellung zu vermuten war, zeigte sich Frommlet eher erheitert als verärgert, schneuzte sich zunächst einmal geräuschvoll und bereinigte dann zügig mit ein paar knappen und zynischen Bemerkungen die Situation. Als Französischlehrer, erklärte er, sei er es sich und uns ganz besonders schuldig, jedermann jederzeit klaren Wein einzuschenken. Den Satz des Rivarol «Ce qui n'est pas clair n'est pas français» («Was nicht klar ist, ist nicht französisch») sollten wir uns daher ein für allemal hinter die Ohren schreiben. Diese Maxime machte ihn auch vorzüglich geeignet, die dramatischen Konflikte in den von ihm vorgestellten und erläuterten Dramen der deutschen Klassik einprägsam zu vermitteln. Überdies ließ er einige Szenen von uns mit vertauschten Rollen lesen. Zumeist gab er dabei lediglich durch gelegentlichen Augenaufschlag oder verräterisches Zucken seiner Gesichtszüge Zustimmung oder Mißfallen mit dem Vorgetragenen zu erkennen.

Coddys allen frommen Weihrauch und romantischen Nebel spaltender Spott blitzte bei jeder sich bietenden Gelegenheit amüsiert aus seinen Augen, die unter buschigen Brauen tief in ihren Höhlen saßen. Als Aufklärer hielt er nicht viel von gefühlvoller Schwärmerei und von zarten Zwischentönen. Für ihn zählten nur rational nachvollziehbare Komponenten, wenn er literarische Werke mit uns besprach und analysierte. Diese konsequent angewandte Methode machte alles überschaubar und verständlich. Für die Vorbereitung zum Abitur hätte man sich kaum einen besseren Mentor wünschen können.

Aber auch die französische Kulturpolitik kam meinen Interessen entgegen. Nach dem Vorbild des *baccalauréat* wurde das Abitur völlig zentralisiert und entpersonalisiert, wurde eine Notenskala von zwanzig Punkten eingeführt und waren neben den für den humanistischen Zweig in der schriftlichen Prüfung verbindlich vorgeschriebenen Fächern Deutsch, Französisch, Latein und Griechisch, die auch Gegenstand der mündlichen Examina waren, nur drei weitere mündliche Fächer vorgesehen. Lediglich Mathematik war nicht zu umgehen, aber Chemie und Physik, Disziplinen, bei denen ich mir mit großer Wahrscheinlichkeit keine Sternstunden meiner Abiturprüfungen in Aussicht stellen konnte, ließen sich vermeiden, indem ich an ihrer Stelle Geschichte und Biologie wählte.

Um jede Einflußnahme der Ehinger Schulleitung auf den Prüfungsverlauf zu verhindern, mußten wir zum Mündlichen auf Anordnung der Franzosen bis nach Sigmaringen zum dortigen Gymnasium reisen. Den Preis für die Bahnfahrkarte zahlten wir aus dem nur kurz zuvor im Rahmen der am 21. Juni 1948 durchgeführten Währungsreform pro Kopf ausgehändigten persönlichen Betrag von 40,– DM. Ich war sehr glücklich, als mir dann der erfreuliche Notendurchschnitt des wenige Wochen später ausgehändigten Abiturzeugnisses ohne Wartefristen die Immatrikulation an allen Fakultäten der trotz ihrer höchstens viertausend Studenten an die Grenzen ihrer Aufnahmekapazität stoßenden Tübinger Universität ermöglichte. Ich gab mir auch Rechenschaft, daß ich sie nicht zuletzt den Franzosen verdankte, die es mir ermöglicht hatten, bei der Prüfung fast alle Fächer zu umgehen, die Stolpersteine für mich dargestellt hätten, und im deutschen Aufsatz hatten wir die Wahl gehabt, uns entweder über die gründlich eingepaukte «Iphigenie» Goethes zu verbreiten oder uns zur Frage zu äußern: «Können wir den Bau von Kunststätten verantworten, solange Menschen in Kellern wohnen?» Ich hatte dieses Thema gewählt und in meiner Erörterung entschieden den sozialen Aspekt über den ästhetischen gestellt, mit Leidenschaft und Engagement. Aber ich frage mich, ob dieses drei Jahre zuvor von Sartre in Umlauf gesetzte Wort damals bereits bis nach Ehingen und zu mir vorgedrungen war.

Rottenburg

Auch ein Abiturient aus Oberschwaben, der die Universitätsstadt Tübingen am Neckar noch nie gesehen hatte, wußte um die Bedeutung des evangelischen Stifts, nicht nur für die dort seit der Reformation ausgebildeten Theologen, sondern auch für die deutsche Geistesgeschichte überhaupt. Von einem derartigen Ort durfte er wohl erwarten, Antworten auf all jene Fragen und Klärung all jener Zweifel zu finden, die ihn regelmäßig, aber zumeist in Augenblicken, in denen er am wenigsten darauf vorbereitet war, wie Schüttelfrost heimsuchten. Die berühmten Namen ehemaliger Stiftler, es genügte an die Lebensläufe von Hölderlin und Waiblinger zu denken, hatten freilich auch etwas Erschreckendes, und die Werke einiger von ihnen, die man wie jene Hegels und Schellings nur vom Hörensagen kannte, hatten etwas derart Einschüchterndes, daß man sich scheute, sie überhaupt in die Hand zu nehmen.

Die Konviktoren in Ehingen hatten mich darüber aufgeklärt, daß das katholische Gegenstück zu der berühmten Anstalt, in der die evangelischen Theologen ausgebildet wurden, das 1817 in einem nicht sehr entfernt von ihr gelegenen vornehmen Bau aus dem 16. Jahrhundert eingerichtete Wilhelmsstift war. Hier wurden während ihres vierjährigen Theologiestudiums an der Universität die Anwärter auf das Priesterseminar in Rottenburg untergebracht. Die Namen ehemaliger Wilhelmsstifter hatten zum Glück nichts Erschreckendes, und ihre Werke hatten nichts Einschüchterndes. Kaum einer, der nicht zufällig enge Beziehungen zur Katholisch-Theologischen Fakultät oder zum Bischöflichen Ordinariat in Rottenburg unterhielt, hätte auch nur einen einzigen oder ein einziges nennen können.

Der Bischof, hatte mich Pfarrer Angele belehrt, achte sorgfältig darauf, daß seine künftigen Priester nicht in die Irre gingen, wie das bei nur allzu vielen Studierenden des evangelischen Stifts der Fall gewesen sei. Es reiche, an jenen David Friedrich Strauß zu denken, der in seinem «Leben Jesu» die von den vier Evangelisten verkündeten Episoden aus der Heilsgeschichte in grenzenloser Anmaßung und Verblendung lediglich als Legenden, Märchen, Fabeln gedeutet habe, als handle es sich bei den Büchern der Heiligen Schrift um nichts anderes als um irgendwelche von einem heidnischen Dichter der Antike erzählte Mythen und Sagen des klassischen Altertums.

Ich fing an, meine ehemaligen Klassenkameraden aus Ehingen zu beneiden, da sie allesamt ohne große Probleme in das Wilhelmsstift aufgenommen wurden, während ich mich auf Zimmersuche begeben mußte. Es war bei meinen eingeschränkten finanziellen Möglichkeiten schierer Hochmut, in der von französischen Besatzern und deutschen Beamten wimmelnden winzigen Hauptstadt des eben erst entstandenen Landes Württemberg-Hohenzollern sich einzubilden, hier eine Unterkunft zu finden. Bei einer wenige Wochen vor Semesterbeginn eigens an meine künftige Universitätsstadt unternommenen Reise mußte ich mich bald davon überzeugen. Die von mir aufgesuchten und mit den Verhältnissen vertrauten Bekannten verwiesen mich auf umliegende Dörfer: Je weiter ein Haus von Tübingen oder vom nächsten Bahnanschluß entfernt sei, erklärten alle, die es gut mit mir meinten, um so größer sei die Wahrscheinlichkeit, wenigstens auf einem Dachgeschoß oder auch in einem Keller eine Studentenbude zu finden. Ich sah mich bereits wieder in die mühsamen Jahre meiner Memminger Fahrschülerzeit zurückversetzt. Mein Kopf hing tiefer als die große Trauerweide am Neckar vor dem Hölderlinturm, als ich mich nach zwei Tagen unverrichteter Dinge wieder auf den Weg zum Bahnhof aufmachte. Bei meiner Ankunft in Tübingen hatte ich noch andächtig die Schwäne bewundert, die auf dem Weiher in den Anlagen vor der Dannecker-Nymphengruppe, von der mir Rosel bereits in Ehingen erzählt hatte, ihre Runden drehten. Die ergebnislose zweitägige Zimmersuche hatte mich jedoch so genervt, daß ich nun, als ich die Nichtsnutze auf dem Weg zur Heimreise wieder auf dem Wasser herumschwimmen sah, am liebsten mit Steinen nach ihnen geworfen hätte, um ihnen ein für allemal ihre vornehme und gleichgültige Gelassenheit angesichts meiner Probleme auszutreiben.

Meine Mutter brauchte mich nicht lange nach dem Ergebnis meiner Zimmersuche zu fragen, als sie das Gesicht sah, mit dem ich die Treppe an der Böschung vor unserem Haus heraufstieg. Es sei schließlich noch nicht aller Tage Abend, tröstete sie mich. Ob ich denn vergessen hätte, daß manchmal irgendwo ganz unerwartet eine Tür aufgehe? Als sie aber sah, daß ich eigensinnig und unbelehrbar mich jedem vernünftigen Zureden verschloß, zog sie andere Saiten auf und prophezeite mir, man könne Gift drauf nehmen, daß einem, der wie drei Tage Regenwetter herumlaufe, die Tür, die man ihm bereits einen Spalt aufgetan habe, bestimmt vor der Nase wieder zugeschlagen werde. Auch vor Marias «Sorget nicht ängstlich» verschloß ich zunächst die Ohren. Es war in meiner Situation und bei meiner schlechten Laune wenig dazu angetan, mich aufzuheitern. Im Gegenteil. Ich mußte mich zusammennehmen, um meiner Schwester nicht mit ungehobelter und einer in unserer Familie verpönten Direktheit zu sagen, bei dem für mich aller Wahrscheinlichkeit nach unlösbaren Problem, in Tübingen oder in seiner näheren Umgebung ein Zimmer zu finden, sei mir mit frommen Sprüchen nicht zu helfen. So meinte ich. Zu Unrecht, wie sich schon bald herausstellte. Aber wer hätte sich vorstellen können, daß der hagere und freundliche ältere Herr, der sich unter den aufmunternden Zurufen seiner rundlichen und temperamentvollen Frau mit verquältem Lächeln mühsam am Geländer der zu unserem Haus führenden Treppe hochzog, mich bei meiner Wohnungssuche einen entscheidenden Schritt weiterbringen würde? Der Unbekannte ließ sich zunächst erschöpft auf einem Stuhl nieder, befreite sich nicht ohne Mühe stöhnend von seinen Sandalen und wies wortlos auf die zum Vorschein gekommenen Hammerzehen, Hornhäute und Hühneraugen. Sie seien schuld daran, daß ihm jeder Gang aus dem Haus zum Problem werde, erklärte er. Er habe keine übertriebenen Hoffnungen, was die Heilung von seinen Leiden anbelange, aber er frage sich und gebe die Frage weiter, ob nicht durch fachgerechte Behandlung des Oberleders wenigstens eine gewisse Linderung zu erreichen sei. Mein Bruder musterte abwechselnd und nachdenklich Riemen und Füße, versprach zwar keine großen Wunder, zeigte sich aber, wenn auch allzu große Erwartungen dämpfend, im Rahmen des in so einem Fall überhaupt Möglichen hilfsbereit. Ein Wort ergab das andere, vor allem bei dem Gespräch, das meine Mutter gleichzeitig mit der Frau des Kunden führte. Ach so, aus Rottenburg am Neckar kämen sie, hatte sich inzwischen herausgestellt: Also nicht aus Rothenburg ob der Tauber, das für uns in Wirklichkeit nicht viel mehr als ein berühmter Name war. So ein Zufall. Das sei doch gar nicht weit von

Tübingen, schaltete ich mich, plötzlich munter geworden, ins Gespräch ein: Dort sei ich nämlich eben erst vergebens auf Zimmersuche gewesen und dabei von mehreren Personen auf Rottenburg hingewiesen worden. Ich hätte bei der Gelegenheit auch erfahren, daß man in nur zwanzig Minuten mit dem Zug von einer Stadt in die andere fahren könne.

Der Name Rottenburg heimelte uns alle viel mehr an als der von Tübingen, weil unser Bischof Sproll, für den wir in den Jahren, als er von den Nationalsozialisten aus seiner Diözese verbannt worden war, regelmäßig gebetet hatten, nun dort wieder seinen Sitz hatte und keine Zeitung im Haus aufmerksamer gelesen wurde als das von uns abonnierte «Katholische Sonntagsblatt». Auch die Hirtenbriefe, die der Pfarrer an manchen Sonntagen nach dem Evangelium anstatt einer Predigt verlas, wurden dort verfaßt, wie wir alle wußten.

Bei sich könnten sie mich zwar nicht aufnehmen, erklärte das Ehepaar bedauernd, aber gerne würden sie mit der dreiundzwanzigjährigen Kriegerwitwe reden, die mit ihrer fünfjährigen Tochter, ihren Eltern und ihrer Großmutter im gleichen Haus wohne und bei der seit kurzem ein Zimmer leerstehe. Die Besitzerin, das hätten sie von ihr gehört, wolle es so schnell wie möglich vermieten, bevor ihr das Wohnungsamt der Stadt einfach jemanden zuteile, der dann vielleicht gar nicht nach ihrem Geschmack wäre. Am liebsten hätte sie, das wüßten sie von ihr, einen noch jungen Mieter und am allerliebsten wohl einen Studenten. Daß sie junge Leute um sich haben wolle, könne man ihr bei Gott nicht verübeln, sei sie doch erst siebzehn gewesen, als sie ihren Mann kennengelernt, nach einigen Wochen geheiratet und dann nach wenigen Tagen Fronteinsatz des Unglücklichen verloren habe. Ich sah meiner Mutter an, und sie behielt es auch nicht bei sich, daß ihr eine etwas ältere Witwe lieber gewesen wäre. Die Rottenburger nahmen es zur Kenntnis, erinnerten sie jedoch an die große Wohnungsnot. Sie erlaube es nicht, allzu schwierig zu sein, und lachend fügten sie hinzu, so schön sei die junge Frau trotz ihrer blonden Haare nun auch wieder nicht, daß sich jeder, der sie zum ersten Mal sehe, gleich Hals über Kopf in sie verlieben müsse. Meine Mutter schien etwas beruhigt, und ganz so gefährlich, dachte sie wohl, konnten in der Bischofsstadt sogar dreiundzwanzigjährige Kriegerwitwen nicht sein.

Pfarrer Angele freute sich ganz besonders, als er von mir erfuhr, daß ich aller Wahrscheinlichkeit nach gerade in Rottenburg eine Wohnung gefunden hatte. Vielleicht hoffte er insgeheim immer noch, in der Bischofsstadt werde mir ein innerer Anruf kundtun, daß ich zum Priester berufen sei. Vor meiner Abreise gab er mir bei einem Gespräch mit auf den Weg, zwar keinesfalls besserwisserisch vor anderen aufzutrumpfen, aber auch nicht zu vergessen, daß christliche Demut nicht so weit zu gehen brauche, daß man sich alles gefallen lassen müsse. Ich solle daher nie zögern, stets mit Bekennermut vor Andersgläubigen und ganz besonders vor Ketzern und Spöttern meinen katholischen Standpunkt zu vertreten, und mich als einer, der vom Land komme, durch Kommilitonen auf der Universität auch dann nicht einschüchtern lassen, wenn sie geschliffen und hochdeutsch daherredeten. Das sei nicht das Wesentliche. Auf die rechte Gesinnung komme es nämlich zuallererst an. Das habe doch aufs schönste unser in Schweinhausen in unserem Kreis Biberach geborener Bischof Johannes Baptist Sproll gezeigt, der sich standhaft geweigert habe, an der Volksabstimmung über den «Anschluß» Österreichs teilzunehmen, und der deshalb die demütigende Vertreibung durch die Nationalsozialisten und die siebenjährige Verbannung aus seiner Diözese erduldet habe. Jeder müsse bewundern, wie der armen Verhältnissen entstammende Mann aufgrund seiner Unerschrockenheit bereits jetzt als «Bekennerbischof» von Rottenburg in die Kirchengeschichte eingegangen sei.

Inzwischen hatten wir nämlich von unserem Paar die Nachricht erhalten, die junge Frau nehme mich für eine Monatsmiete von fünfzehn D-Mark gerne und unbesehen bei sich auf. Die endgültige Zuweisung der Wohnung liege aber in den Händen der städtischen Behörden, deren Segen freilich so schnell wie möglich eingeholt werden müsse, da das Semester ja inzwischen bereits vor der Tür stehe. Meine Mutter und Maria packten daraufhin in Eile meine Habseligkeiten zusammen. Beim Zusammenstellen der Garderobe, besonders jetzt, wo der Winter vor der Tür stand, war guter Rat teuer. Zum Glück schlug Josef vor, den von ihm aus der Kriegsgefangenschaft mitgebrachten Mantel an mich abzutreten. Die auf seinem Rücken in grellem Weiß mit Hilfe einer chemischen Substanz eingeätzten Buchstaben PW («Prisoner of War») waren trotz aller unternommenen Versuche nicht zu entfernen gewesen. Darum war schon vor Jahresfrist einvernehmlich beschlossen worden, das wegen seiner unverwüstlichen Qualität zu Recht gepriesene Stück beim Schneider Dietrich wenden zu lassen. Das verdammte PW war jedoch auch nach dieser Rundumerneuerung noch nicht ganz verschwunden, aber es schimmerte jetzt nur noch schemenhaft und spiegelbildlich durch den Stoff. Eleganter Zuschnitt, hatte Schneider Dietrich bedauernd festgestellt, lasse sich mit diesem steifen und sich feinerer Bearbeitung hartnäckig entziehenden Stoff beim besten Willen nicht erreichen, aber seine Qualität stehe außer Frage.

Zum Glück konnten wir bei der Zusammenstellung meiner Garderobe auch auf die Geschenke unseres Onkels zurückgreifen, der als Damenfriseur und Junggeselle in New York lebte. Wenn er auch gar nicht mit uns verwandt war, schickte er doch schon bald in den Hungerjahren nach dem Krieg nicht nur zahlreiche Carepakete, die einem das Wasser schon beim Auspacken im Mund zusammenlaufen ließen, sondern einige Male auch einige seiner, wie er entschuldigend schrieb, abgetragenen Anzüge. Von abgetragen konnte überhaupt keine Rede sein. Auch einige fast neuwertige Hemden, Krawatten und Fliegen waren in der Kleidersendung für Josef und mich enthalten.

Seit dem Tod des Ulmer Onkels hing schließlich ein von ihm hinterlassener brauner Anzug in einem unserer Schränke. Meine Mutter und Maria hatten ihm ein Trauerjahr zugestanden, wollten dann aber auch nicht so lange warten, bis ihn die Motten zerfressen hatten, bevor er verwendet würde. Mir war es allerdings nicht ganz geheuer, als ich unter den begutachtenden Blicken der beiden Frauen Jacke und Hose des Erbstücks anprobierte, weil sich jetzt mit aller Deutlichkeit zeigte, daß der Ulmer Onkel, der meine Kindheit so einschüchternd überschattet hatte, nicht nur kleiner als mein Bruder, sondern sogar weniger groß als ich gewesen war. Das hatte ich in den Jahren vor seinem unerwarteten Tod zwar auch schon manchmal staunend bemerkt, aber nie war mir das derart deutlich aufgegangen wie jetzt, als ich feststellen mußte, daß die Ärmel seiner Jacke und die Beine seiner Hose bei mir kaum bis zu den Hand- und Fußgelenken reichten. Bei dem Anzug, das mußte man zugeben, handelte es sich um einen noch recht gut erhaltenen Stoff, aber die Knie der Hosenbeine, das war bei einem fleißigen Kirchengänger, wie der Onkel einer gewesen war, kaum anders zu erwarten, waren und blieben ausgebeult, mochte man sie auch noch so sorgfältig glätten und bügeln. Mir war es gar nicht unrecht. Ich brauchte für das Sommersemester eine kurze Hose. War es da nicht am vernünftigsten, wenn die lange des Onkels in eine solche verwandelt wurde, zumal die beiden Knie, das sah man deutlich, als sie gegen das Licht gehalten wurden, schon halb durchgescheuert waren? Ich war sehr froh, als meine Mutter meinen Vorschlag guthieß: Nichts wäre mir peinlicher gewesen, als in Tübingen abwechselnd Paradehosen aus New York und Hochwasserhosen aus Ulm tragen zu müssen.

In Rottenburg suchte ich gleich nach meiner Ankunft meine dortigen Bekannten auf. Die stellten mich der Vermieterin vor. Meine Mutter hatte sich umsonst Sorgen gemacht. Sie sah wirklich nicht zum Verlieben aus. Wir wurden uns schnell handelseinig. Nachdem ich bei den Rettern aus meiner Wohnungsnot auf dem Sofa im Wohnzimmer übernachtet hatte, begab ich mich zu Walzel, dem ehrenamtlichen Leiter des städtischen Wohnungsamtes. Es handelte sich bei ihm um den Direktor des örtlichen Progymnasiums, einen sympathischen, vom Rauch seiner Pfeife umkräuselten, wohlwollend aussehenden älteren Herrn mit graumeliertem Spitzbart. Als ich ihm mit meinem Anliegen gegenübersaß, machte er keinerlei Schwierigkeiten, mir die erforderliche Bestätigung auszustellen, zu unterschreiben und abzustempeln. Als verantwortungsbewußter Pädagoge unterließ er es allerdings nicht, mir ans Herz zu legen, auf meiner Hut zu sein, da meine Vermieterin, wie er zu wissen glaubte, es darauf abgesehen habe, sich so bald wie möglich wieder zu verheiraten. Mich hatte sie jedoch offensichtlich nicht in ihre darauf abgestellten Überlegungen einbezogen. Ich erwachte in den folgenden Wochen zwar mehrmals von nächtlichem Türenschlagen und lautem Gezeter, in dem Mutter und Großmutter die zu später Stunde Heimgekehrte aufforderten, sie solle doch wieder zu ihrem Hurenbock gehen, anstatt sie beide aus dem Schlaf zu reißen, aber am nächsten Morgen brachte sie mir regelmäßig die mit Zichorie und Malz aufgebrühte, blaßbraune, laue Brühe an die Tür, die ich mit einer am Vortag aufgesparten Brotkruste als Frühstück zu mir nahm. Dann eilte ich so schnell wie möglich zum Bahnhof, um den Zug nicht zu versäumen, der noch erreicht werden mußte, wenn ich das von mir zusammengestellte und mit Lehrveranstaltungen vollgespickte Vormittagsprogramm an der Universität lückenlos absolvieren wollte. Am Abend ging ich, wenn ich von Tübingen zurückkam, nicht selten zu dem gastlichen Ehepaar, dem ich das Zimmer verdankte und das mir stets freundlich die vom Abendessen übriggebliebenen Reste anbot, um mich auch innerlich aufzuwärmen, bevor ich in mein kaltes Zimmer im zweiten Stock hinaufstieg. Ein Ofen fehlte dort zwar nicht, aber ich frage mich, ob und, wenn überhaupt, wieviel oder was für Heizmaterial mir zur Verfügung stand. Wer in oberschwäbischen Schlafkammern groß geworden war, hatte sich beizeiten daran gewöhnt, keine übertriebenen Ansprüche an ihre Temperatur zu stellen und sich schleunigst unter die Bettdecke zu verkriechen, sobald er zu Hause war.

Jedesmal, wenn ich zu den farbenprächtigen Spiralen der Deckenmalereien einer unserer oberschwäbischen Barock- und Rokokokirchen hinaufschaue und von all dem blendenden Glanz nicht genug bekomme, bevor nicht die Augen tränen und ein leichtes Schwindelgefühl und der vom langen in die Höhe Starren steif gewordene Hals mir nahelegen, es endlich mit dem staunenden Betrachten genug sein zu lassen, wundere ich mich ein wenig, daß mir nicht von dort oben aus dem himmlischen Reigen seliger Geister der 1949 in Rottenburg zum Domkapitular ernannte Alfons Hufnagel freundlich lächelnd zuwinkt. Aber wahrscheinlich haben die auch Zukünftiges erschauenden Maler des achtzehnten Jahrhunderts sein infolge eines Autounfalls zertrümmertes und von einem Chirurgen notdürftig wiederhergestelltes Kinn für die jenseitige Umgebung bis zur Unkenntlichkeit verklärt. Ihm verdankten wir abends aus Tübingen nach Rottenburg zurückkehrenden zahlreichen katholischen Studentinnen und Studenten, daß wir uns nicht nur zu geselligem Beisammensein in einem geheizten Raum treffen konnten. Er und, wie einige zu wissen glaubten, auch seine persönliche Großmut machten es möglich, daß wir zu äußerst günstigem Preis von einer aus ihrer Heimat vertriebenen Ostpreußin mit einem warmen Gericht versorgt wurden und vor, während oder nach der Speisung manche auf dem Bahnhof oder im Zug flüchtig gemachte Bekanntschaft in wohltemperierter Umgebung und bei anregenden Gesprächen vertiefen konnten.

Die Aufmerksamkeit, die der nicht nur gelehrte, sondern auch weltgewandte Gottesmann aus dem oberschwäbischen Saulgau uns zuwandte, hatte bei dem Vielbeschäftigten nie etwas Zu- und Aufdringliches. Das seiner hierarchischen Stellung verdankte Selbstbewußtsein des Domkapitulars war stets ohne jeden abweisenden Dünkel, und seine Teilnahme an unserem studentischen Treiben hatte nichts peinlich Inquisitorisches. Wenn man ihm seine Glaubenszweifel offenbarte, gestand er, sie seien auch ihm als Theologen nicht unbekannt und es sei wohl gut, wenn man als gläubiger Christ lerne, sich zu gedulden, bis dereinst nach dem Tod alles in der Anschauung Gottes geoffenbart werde. Er hatte stets seine helle Freude daran, wenn er feststellte, daß wieder einmal zwei seiner Schützlinge zueinander gefunden hatten oder sich gar mit Heiratsplänen zu tragen schienen. In diesem Fall, ließ er beiläufig, jedoch mit größter Diskretion einfließen, könne man auf ihn zählen, übrigens auch dann, wenn es sich um eine Mischehe zwischen christlichen Konfessionen handeln sollte. Man finde bei ihm auch ein offenes Ohr, wenn es darum gehe, bürokratische Hürden zu nehmen, und er würde sich auf jeden Fall freuen, das Sakrament einzusegnen. Für eine derartige Feier erlaube er sich auf die ganz in der Nähe Rottenburgs liegende Wallfahrtskirche zur Schmerzhaften Muttergottes im nahen Weggental hinzuweisen, wo man zu jeder Jahreszeit eine Naturkulisse habe, die schöner gar nicht sein könne.

Tübingen I

Ich war nicht nur nach Tübingen gekommen, um Philologie zu studieren. Hier, so hoffte ich, konnte ich die endgültigen Antworten auf all die Fragen erhalten, die mich in Erolzheim, in Memmingen, in Ehingen umgetrieben hatten. Jetzt verschaffte mir mein Studentenausweis Zugang zu fast allen Büchern, auf deren Titel und Verfasser ich schon einmal gestoßen war, und nun konnte ich Vorlesungen von Professoren besuchen, deren Ruf landauf, landab widerhallte.

Ich kam noch rechtzeitig, um Romano Guardini vor seinem Weggang nach München zu hören. Er hatte einen Lehrstuhl für Europäische Geistesgeschichte inne und las unter anderem über «Das Ende der Neuzeit». Das war ein Thema, das meinen aufs Ganze gerichteten Erwartungen entgegenkam. Wer, wenn nicht er, ein berühmter katholischer Geistlicher, den auch Andersgläubige voller Respekt nannten, konnte mich aus der Verstrickung meiner Zweifel befreien? Sein Lehrstuhl war für mich zugleich Kanzel. Wissenschaftliche und geistliche Wahrheit, so war von ihm zu erwarten, hatten sich bei ihm in Personalunion verbunden. Ich wußte, was gerade ihm die Liturgiebewegung der dreißiger Jahre verdankte. Guardinis Vorlesung wurde für mich daher zur Verkündigung, die ihm Lauschenden waren eine Gemeinde, der ich mich zugehörig fühlen durfte und deren hingebungsvolle Bewunderung ich vorbehaltlos teilte. Einmal wurde jedoch die andächtige Stille, mit der seine Ausführungen aufgenommen wurden, durch eine unerhörte Reaktion unterbrochen, als der Vortragende plötzlich zum Seelsorger wurde und eher beiläufig als kategorisch den Satz «Lesen Sie sowenig wie möglich Zeitung» einfließen ließ. Zu aller Überraschung scharrte einer im lautlosen Auditorium mit den Füßen, um sein Mißfallen wegen der Bemerkung zu bekunden. Für die Dauer eines Augenblicks war der Bann, in den Guardini seine Zuhörerschaft zu schlagen wußte, gebrochen. Der seine Vorlesung in ebenso vollendeter wie verhaltener sprachlicher Vollkommenheit Zelebrierende fand den Vorgang unerhört. Er verbat sich ein für allemal derartige seine Konzentration störende Reaktionen. Das Auditorium bekundete Solidarität, brachte sein Einverständnis durch klopfende Fingerknöchel und stampfende Füße zum Ausdruck. Einige blickten strafend in die Richtung, aus der sich das Scharren hatte vernehmen lassen. Ich gab mir allerdings nach diesem Zwischenfall Rechenschaft, daß ich bei dem universal belesenen Kulturphilosophen, falls es mir überhaupt einmal vergönnt sein sollte, mich ihm zu nähern und seine Aufmerksamkeit auf mich zu ziehen, mit meinen im Abseits meiner provinziellen Herkunft wie Unkraut wuchernden Glaubenszweifeln im günstigsten Fall ein nachsichtiges Lächeln, aber wahrscheinlich doch eher eine mich streng zurechtweisende ungehaltene Reaktion auslösen würde.

Die evangelische Theologische Fakultät verfügte mit Helmut Thielicke über einen Professor, der, ähnlich wie sein katholischer Kollege Romano Guardini, derartige Hörerzahlen anlockte, daß die Raumkapazität der zur Verfügung stehenden Auditorien für die aus der Stadt wie aus der näheren und weiteren Umgebung Zusammenströmenden mehr als einmal nicht mehr ausreichte. Rundfunk und Presse registrierten und kommentierten die Vorlesungen der beiden Tübinger Stars, die aufgrund ihrer unerschrockenen Haltung in den Jahren der

Diktatur, ihres geistlichen Charismas wie auch ihrer rhetorischen Fähigkeiten ganz besonders befugt und befähigt waren, durch aufmunternde und klärende Worte nach der Götzendämmerung des politischen und militärischen Zusammenbruchs den Weg aus der Misere zu weisen. Sie erschienen wie zwei Leuchttürme, die das Dunkel erhellten.

Die Franzosen hatten zwar die Wiedereröffnung der Universität durchaus gefördert, wachten aber mit Argusaugen darüber, daß sie nicht zu einem geistigen Zentrum restaurativer deutschnationaler oder gar nationalsozialistischer Tendenzen wurde. Von diesen unmittelbar auf das Kriegsende folgenden Entwicklungen und Konflikten mit der Besatzungsmacht erfuhr ich in den Warteschlangen vor den verschiedenen Studentenmensen oder rund um die einem ehemaligen Präsidenten der USA verdankte Hoover-Speisung in der Neuen Aula, bei der an manchen Nachmittagen Kakao, eine Semmel und ein kleiner Weichkäse an uns ständig Hungernde verteilt wurden.

Ich besuchte bei Thielicke die am Dies academicus gehaltene Vorlesung «Der Nihilismus und seine Überwindung». Guardini legte es darauf an, seine Hörer durch seine wohlgesetzten Worte zu verzaubern, aber, wie ich gehört und gesehen hatte, wehe dem, der diese Sprachmagie durch unerlaubte Reaktionen gefährdete oder störte. Thielicke schlug sein Publikum ganz anders in seinen Bann, hatte in bester Luthertradition eine durchaus auch derb zupackende Art, Probleme anzufassen, ohne ein Blatt vor den Mund zu nehmen. Er faszinierte seine Hörer nicht, er beutelte sie, rüttelte sie wach, forderte Widerspruch heraus. Nicht jeder und jede verkrafteten ihn. Zartere Gemüter fühlten sich von ihm überfahren. Wie jene bei einer Vorlesung nicht weit von mir sitzende Studentin, der es offensichtlich nicht gegeben war, all die von dem Theologen plastisch dargestellten und mit geschickt ausgewählten Zitaten zu Wort kommenden Nihilisten aus der Philosophie- und Literaturgeschichte mit vergleichbarer geistiger Tat- und Schlagkraft zu erledigen wie Thielecke. Sie lief mit einem Taschentuch vor Mund und Nase laut aufschluchzend aus der Vorlesung. Ich verlor zwar im Gegensatz zu ihr nie meine Fassung, glaubte aber doch sehr schnell verstanden zu haben, daß meine religiösen Probleme, falls sich je die Gelegenheit zu einem Gespräch mit dem Theologen ergeben hätte, viel zu unbedeutend waren, um einen derartigen Mann ernstlich zu beschäftigen.

Seit Beginn meines Studiums besuchte ich auch die von zahlreichen Hörern überlaufenen Vorlesungen des Philosophen und Pädagogen Eduard Spranger, eine der infolge der Kriegsereignisse von der ehemaligen Reichshauptstadt in die schwäbische Provinz verschlagenen herausragenden wissenschaftlichen Kapazitäten. Mir imponierte, daß er seine klaren, ohne Pathos vorgetragenen Ausführungen zum Deutschen Idealismus auf der Grundlage einiger winziger, aus der Jackentasche gezogener Zettelchen bestritt. Es war die einzige Koketterie, die sich der ansonsten in Sprache und Auftreten preußisch diszipliniert wirkende Professor leistete. Wenn ich gelegentlich seine Vorlesung versäumte, geschah es auf Anraten einiger Kommilitonen zugunsten des um die gleiche Zeit in einem benachbarten Hörsaal dozierenden Psychiaters Kretschmer, dessen Typenlehre mich kaum weniger interessierte als die Ausführungen Sprangers. Ich stand manchmal wie Buridans Esel auf dem breiten Gang zwischen den zu den beiden Hörsälen führenden Türen. Wenn ich mich für Kretschmer entschieden hatte, hatte ich bei dem Gedanken an den meiner Fachrichtung näher stehenden Philosophen immer das ungute Gefühl eines Schülers, der mit schlechtem Gewissen den Unterricht seines Klassenlehrers schwänzt.

Kommunistische und sozialistische Weltentwürfe stellten für einen, der in Oberschwaben beheimatet war, in der Regel keine Versuchung dar. Die Ergebnisse der ersten Wahlen nach dem Krieg zeigten es in unmißverständlicher Klarheit und schöner Regelmäßigkeit. Die CDU konnte sich fast immer darauf verlassen, daß sie den Bürgermeister in einem Dorf, den Oberbürgermeister in einer Stadt oder den Ministerpräsidenten im Landtag stellen würde. Nicht von ungefähr. Die «Roten» bildeten sich zu Unrecht ein, sie hätten die soziale Frage gepachtet. Aber auch Christen, die das Evangelium richtig lasen, wußten darum.

Wenn einer sich mit dem «Kommunistischen Manifest» oder mit dem «Kapital» von Karl Marx wichtig machte und behauptete, hier seien die großen Probleme des Industriezeitalters zukunftweisend aufgezeigt worden, brauchte man als Katholik die Fassung nicht zu verlieren und nur mit Papst Leo XIII. und «Rerum novarum» dagegenzuhalten. Falls man die Enzyklika nicht gelesen hatte, machte das nichts. Auch der Gesprächspartner, darauf konnte man sich verlassen, kannte sie nicht. Und hatte er vielleicht «Das Kapital» gelesen, mit dem er einen einzuschüchtern versuchte? Wozu brauchte man Karl Marx? Daß es soziale Probleme gab, das hatte doch Adolf Kolping genausogut kapiert wie er. Nur war der eine ein katholischer Geistlicher und der andere ein atheistischer Materialist. Mußte man sich da lange fragen, für wen man sich zu entscheiden hatte?

Auch wenn man aus dem Kreis Biberach kam, hieß das noch lange nicht, daß man von vorgestern war und nicht wußte, was die Stunde geschlagen hatte. Das zeigten gleich nach dem Krieg die politischen Laufbahnen von Gebhard Müller, der in dem mir wohlbekannten Füramoos als Sohn eines Lehrers geboren und 1948 als Nachfolger des plötzlich verstorbenen Lorenz Bock vom Landtag von Südwürttemberg-Hohenzollern zum Ministerpräsidenten gewählt worden war, und vor allem die von Karl Borromäus Arnold. Alles, was über ihn in der Zeitung stand, las ich mit größtem Interesse, seitdem ich erfahren hatte, daß er als Sohn eines kleinen Bauern in Herrlishöfen bei Biberach geboren war, gewiß gerne studiert hätte, dies aber als armer Leute Kind nicht konnte und dann vierzehn Jahre nach meinem Vater, von 1916 bis 1919, wie dieser in Ochsenhausen eine Schuhmacherlehre gemacht hatte. War es nicht erstaunlich und bemerkenswert, daß ein Mann wie er 1946 in schwierigen Zeiten Oberbürgermeister von Düsseldorf und schon ein Jahr danach Ministerpräsident von Nordrhein-Westfalen geworden war, übrigens auch mit den Stimmen der SPD, sehr zum Ärger Konrad Adenauers, dem der Mitbegründer der CDU-Sozialausschüsse wahrscheinlich zu links war? Arnold war mein Mann. Da es ihn gab, wäre es mir nicht schwergefallen, 1949 bei den Wahlen zum ersten Bundestag für die CDU zu stimmen, falls ich damals als erst Zwanzigjähriger bereits nach meiner Meinung gefragt worden wäre.

Eine Zeitung zu kaufen überstieg meine finanziellen Möglichkeiten. Um zu erfahren, was in der Welt vorging, blieb ich manchmal auf dem Weg vom oder zum Bahnhof vor den an der Mauer des Gebäudes angebrachten Vitrinen stehen, hinter denen die Seiten der letzten Nummer der «Schwäbischen Zeitung» aufgeschlagen eingesehen werden konnten. Sogar die KPD, die im ersten Landtag fünf von insgesamt 180 Mandaten besetzte, hatte in Südwürttemberg-Hohenzollern eine eigene Zeitung, «Unsere Stimme», die nicht weit von der Stiftskirche, ebenfalls hinter Glas, im Stehen studiert werden konnte. Die Partei war damals noch nicht verboten, aber ich setzte vorsichtshalber bei der Lektüre jedesmal eine Mitleid oder Erheiterung ausdrückende Miene auf, die jedem mich zufällig dabei beobachtenden Passanten unmißverständlich zeigen konnte, daß ich mit der hinter dem Blatt stehenden Ideologie nichts, aber auch gar nichts zu tun hatte.

Ich hatte mich für Französisch, Deutsch und Englisch immatrikuliert. Die Seminarräume der von mir gewählten drei Studienfächer waren in der neben der Stiftskirche befindlichen Alten Aula oder, nur wenige Schritte davon entfernt, in Gebäuden der Münzgasse untergebracht. Natürlich hatten die Franzosen ein besonders aufmerksames Auge auf den Lehrbetrieb des Romanischen Seminars, an dessen Programm sie sich selbst aktiv beteiligten, da sie es nicht dem Zufall überlassen wollten, welches Frankreichbild die Französischlehrer von morgen ihren Schülern vermitteln würden. Es war nicht zuletzt das Verdienst des von der französischen Militärregierung nach Tübingen abgeordneten Hochschuloffiziers René Cheval, daß die von Bombenangriffen verschont gebliebene kleine Stadt am Oberlauf des Neckars als erste deutsche Universität bereits im Herbst 1945 ihren Lehrbetrieb hatte wiederaufnehmen können. Cheval besaß als Germanist ein auf soliden Kenntnissen beruhendes Deutschlandbild. Man wußte um seine heftigen Auseinandersetzungen mit dem Altgermanisten Hermann Schneider, der zwar nicht als aktiver Nationalsozialist beschuldigt wurde, aber doch erklärtermaßen deutschnationalem Denken verhaftet war. Er war der erste Rektor der Universität gewesen, und die Franzosen hatten ihm unmißverständlich nahegelegt, auf eine zweite Kandidatur auf das Amt zu verzichten und damit den Weg für den katholischen Theologen Theodor Steinbüchel freizumachen. Auf Professoren wie ihn bauten die Franzosen, um ihr Konzept einer neuen Universität umzusetzen.

Nicht ganz geheuer war ihnen hingegen der evangelische Theologe Helmut Thielicke, der seit dem Wintersemester 1945/46 am Dies academicus öffentliche Vorlesungen hielt. Bereits im November 1945 hatte er dem zu einem Gastvortrag eingeladenen Basler Kollegen Karl Barth, der die Frage einer deutschen Kollektivschuld nicht nur aufgeworfen, sondern auch bejaht hatte, entschieden Paroli geboten, was bei der Besatzungsmacht einen Eklat verursachte und zu zeitweiligem Rede- und Auftrittsverbot des wortgewaltigen, von einigen Studenten trotz seiner unerschrockenen Haltung während des Nationalsozialismus auch als «Kirchen-Goebbels» verspotteten Theologen geführt hatte.

Cheval, der auch Leiter des von den Franzosen in einer beschlagnahmten Villa auf dem Österberg eingerichteten «Centre d'études et d'information» war, verfügte über einen ganzen Stab junger Mitarbeiter, den er aus dem Umkreis französischer Germanistikstudenten rekrutiert hatte und nun bei einer wöchentlich stattfindenden Veranstaltung am Romanischen Seminar in der Münzgasse über das aktuelle Frankreich, über politische Kontroversen, über literarische Neuerscheinungen, über Filme jüngeren Datums oder über die Neuheiten der Pariser Mode berichten ließ. Die Kadetten des Hochschuloffiziers traten mit einer an Heiterkeit grenzenden Gelöstheit auf. Jedesmal, wenn ich sie hörte und sah, erhielt ich den Eindruck, daß es sich bei diesen etwa gleichaltrigen jungen Leuten um Menschen handelte, die im Gegensatz zu uns deutschen Studenten von keinerlei Zukunftsängsten gepeinigt wurden.

René Cheval hatte in seinem Lehrangebot eine Übersetzungsübung, bei der er uns Hörer mitunter verdroß, wenn er nicht nur Lektionen über korrektes Französisch, sondern auch über richtiges Deutsch erteilte. Immerhin verstand er es in der Regel, kränkende Überheblichkeit zu vermeiden, da er, von wenigen Ausnahmen abgesehen, eine konstruktive Diskussion stets einer bloß ex cathedra erteilten Lehre vorzog. Er bemühte sich redlich, uns künftige Philologen zur Verantwortung gegenüber dem Wort zu erziehen, war ungehalten, wenn er auf Schludrigkeiten in einer Übersetzung stieß, und wurde nicht müde, uns daran zu erinnern, daß Worte ebenso gefährlich wie verführerisch seien, da sie in gleicher Weise bloßstellen oder beschönigen, beleidigen oder schmeicheln, entlarven oder vertuschen können. Natürlich war dieses pädagogische Sendungsbewußtsein auch vom Willen diktiert, uns politisch umzuerziehen. Ich hatte zwar nicht den Eindruck, dessen besonders zu bedürfen, war mir aber stets bewußt, wieviel ich in den von mir studierten Fächern noch zu lernen hatte, so daß ich mir alle Belehrung gerne gefallen ließ, solange diese nicht in eine von hochmütiger Arroganz diktierte, borniert Indoktrination umschlug.

Nur um die künftigen Lehramtskandidaten abverlangte Fächerzahl voll zu machen, hatte ich mich neben Deutsch und Französisch auch für Englisch immatrikuliert, ohne mich besonders dafür befähigt zu halten oder dazu auch nur hingezogen zu fühlen. Den Memminger Lehrern, die mich seit der ersten Klasse in der Oberschule in dieser ersten Fremdsprache unterrichtet hatten, war wohl nicht so sehr durch eigenes Verschulden als durch die Ungunst der Zeitumstände jeder direkte Kontakt mit Land und Leuten Großbritanniens oder eines der Länder des Empire, von den USA ganz zu schweigen, verwehrt geblieben. Die im Lehrbuch abgedruckten Texte wurden daher bis zum Brechreiz wiedergekaut und vor allem als Mittel zum Zweck benutzt, um Grammatikregeln einschließlich der zahllosen im Hintergrund lauernden Ausnahmen einzupauken. Konversation in der Fremdsprache war nicht vorgesehen. Englische Literatur wurde lediglich in der Form von ein paar Kinderreimen vermittelt.

Josef hatte in seinem großen Seesack außer einigen Wäschestücken, einem Weltatlas, einem deutsch-englischen und englisch-deutschen Wörterbuch in einem Band und je einem Roman von Francis Scott Fitzgerald und Robert Nathan vor allem eine englische Bibel mitgebracht. Es handelte sich um die berühmte, während der Regierungszeit Jakobs I. entstandene und nach ihm benannte Fassung der heiligen Texte. Sie waren handlich in einem vielseitigen Dünndruckband zusammengefaßt, den ich fortan, wenn ich meine Ehinger Schulferien wie immer in Erolzheim verbrachte, an Stelle von Meß- und Gesangbuch in die Kirche mitnahm und, in einer Bank kniend, gierig nach aufregenden Geschichten über Mord und Totschlag, Inzest und Sodomie durchspürte. Sie waren mir von der zu Hause vorhandenen, und wie mir der Pfarrer erzählte, von dem in Ravensburg geborenen Gebhard Fugel illustrierten Volksbibel vorenthalten worden oder lediglich in einer gekürzten und zusammengefaßten Form zugänglich gewesen. Lenk, unser Ehinger Religionslehrer, hatte mehrfach ausdrücklich hervorgehoben, daß jede

Ausgabe der Heiligen Schrift mit einer kirchlichen Druckerlaubnis versehen sein mußte. Wo immer diese fehle, sei sie der langen Liste jener einem Katholiken verbotenen Bücher, dem 1557 gedruckten, 1559 veröffentlichten und ständig ergänzten «Index librorum prohibitorum» zuzuzählen, deren Lektüre einem Gläubigen nur mit Bewilligung des Beichtvaters erlaubt war. Die Sorglosigkeit, mit der ich mich trotzdem in die «Holy Bible» vertiefte, zeigte mir an, daß kirchliche Gebote und Verbote mich kaum noch erreichten und ich mir zusehends jede Gängelung durch eine Autorität verbat, die mir immer fragwürdiger erschien und der ich allmählich das Recht absprach, die von mir ausgewählte Lektüre an meiner Stelle kritisch zu sichten.

Nach meinem Abitur hatten mich die Bad Mergentheimer Verwandten in ihr gastliches Haus geladen. Dort stieß ich im Bücherschrank auf eine Shakespeare-Ausgabe in der Übersetzung von Schlegel-Tieck. Immerhin war es ein Einstieg in die englische Literatur, die Lust darauf machte, ohne Zögern die Werke des Dramatikers im Original zu lesen. Aber im Tübinger Englischen Seminar kam ich mir immer etwas deplaziert vor. Auch anderen schien die dortige Atmosphäre nicht zu bekommen. Die nämlichen Mädchen, die im Romanischen Seminar eben noch amüsiert in einem Band mit Novellen Maupassants geblättert hatten, setzten eine puritanisch strenge Miene auf, sobald sie die Münzgasse überquert und die Räume des anglistischen Konkurrenzunternehmens betreten hatten. Dort machten sie sich in der Regel todernst an die Shakespeare-Lektüre, ohne daß ihnen irgendwie anzumerken war, ob sie sich gerade in die Tragödie «Macbeth» oder das Lustspiel «Ende gut, alles gut» vertieft hatten. Nur die integre, durch die hohen Studentenzahlen stark in Anspruch genommene Hildegard Gauger hielt Überblicksvorlesungen zur Literatur ab. In ihren Seminaren kümmerte sie sich jedoch vorwiegend um die korrekturbedürftige Aussprache der Teilnehmer («Herr Hösle, Ihr th macht mir Sorgen»). Das Ministerium hatte sie mit den Aufgaben des auch Ende der vierziger Jahre noch nicht entnazifizierten Lehrstuhlinhabers Weber betraut. Als dieser schließlich wieder in Amt und Würden eingesetzt wurde, hielt er Vorlesungen, mit denen er mein Interesse für englische Literatur kaum zu wecken verstand. Als Vorsitzender einer Kommission, die darüber zu befinden hatte, ob ich würdig sei, zur Kartoffel- oder Rübenernte nach England zu reisen, verwehrte er es mir, wenigstens auf diesem Weg Großbritannien kennenzulernen, was mich nur vorübergehend verdroß, da mir die von unseren Kunden in Erolzheim anschaulich geschilderten Rückenschmerzen als Folge der Kartoffel- und Rübenernte noch lebhaft in Erinnerung waren. Nur die hübsche, sympathische und lebhafte Lektorin Miss Bottle hätte mich für das ungeliebte Fach gewinnen können. Leider war ich bei ihren gutbesuchten Veranstaltungen nicht ihr einziger Verehrer.

Bei der Studienberatung für das Fach Germanistik, mitunter aber auch in Vorlesungen und Seminaren, war vor allem den in Schwaben beheimateten Philologen dringend angeraten worden, den von Frau Muff-Stenz angebotenen Lehrauftrag für Vortragskunst und Sprechtechnik zu belegen. Sie sei eigens engagiert worden, um ihren Hörern jenen Schliff in Aussprache und Gebrauch des Hochdeutschen beizubringen, dessen Fehlen gerade auch bei künftigen Lehrern später ein nicht zu unterschätzendes Handikap darstellen würde. Nicht nur als Schwabe, sondern auch als ehemaliger und gelegentlich rückfälliger

Stotterer fühlte ich mich direkt angesprochen. Mehr als einmal hatte mich die Angst vor blamablen Entgleisungen beim Sprechen oder beim Gebrauch des Hochdeutschen davon abgehalten, in Übungen und Seminaren um Auskunft hinsichtlich unzureichend verstandener oder unzulänglich erörterter Probleme zu fragen oder mich aktiv an einer Diskussion zu beteiligen.

Frau Muff-Stenz ließ bereits bei ihrem ersten Auftreten durch ihre in diesen Zeiten auffällig elegante Garderobe vermuten, ihr Bühnenhochdeutsch befinde sich auf vergleichbarem Niveau wie ihre modische Erscheinung. Tatsächlich war es, wie wir, aus welchen Gründen auch immer, sprachlich Gehemmten eingeschüchtert und verunsichert feststellten, von vollendeter klanglicher Schönheit. Die Dozentin wies uns bereits in der ersten Sitzung an, nach eigenem Gutdünken und Ermessen für die folgenden Übungsstunden Gedichte oder kurze Prosatexte vorzubereiten, deren Vortrag sie dann kritisch beurteilen werde. So geschah es auch. Sie zeigte eine beachtliche Selbstbeherrschung, weil sie die Rezitierenden nie unterbrach und allenfalls mit leicht befremdetem Blick oder einem Anflug überlegenen Lächelns Unkorrektheiten kritisierte. Manchmal grenzte ihre Selbstkontrolle an achtunggebietende Leidensfähigkeit. Die meisten ihrer Hörer und Hörerinnen saßen schuldbewußt in den Bänken und verzagten weit mehr als in den sprachpraktischen englischen und französischen Übungen daran, je das geforderte Niveau in der deutschen Aussprache zu erreichen.

Wir hatten bereits einige Stunden unserer Sprechererziehung absolviert, als ein nicht mehr ganz junger Student zu uns stieß, der unsere Vortragskünstlerin vom ersten Augenblick an ebenso faszinierte, wie er uns strapazierte. Was zum Teufel hatten die in auf Hochglanz polierten Reitstiefeln steckenden Paradehosen des Kerls mit uns schlecht und unauffällig gekleideten Hungerleidern und unseren Artikulationsschwierigkeiten zu tun? Frau Muff-Stenz schien da anderer Meinung. Während sie sich nicht ohne herablassende Geduld um uns bemühte, hatte sie bereits beim ersten Erscheinen des Neuankömmlings Witterung von einem Ebenbürtigen aufgenommen, da seine Aussprache der ihren an Vorbildlichkeit in nichts nachstand, wie er in einem für uns geradezu demütigenden Auftritt zeigte, als er Rilkes Gedicht «Der Panther» vortrug. Jeder der damals Anwesenden wird sich bei späterer Lektüre der vier abschließenden Verse wie ich wohl stets unweigerlich in den Tübinger Hörsaal versetzt gesehen haben, wo der Gestiefelte und die von ihm in Bann geschlagene Muff-Stenz zu einem brünstigen Raubkatzenpaar verschmolzen, die in orgastischer Verzückung uns Zuschauende und Lauschende kaum noch wahrnahmen:

> Der weiche Gang geschmeidig starker Schritte,
> der sich im allerkleinsten Kreise dreht,
> ist wie ein Tanz von Kraft um eine Mitte,
> in der betäubt ein großer Wille steht.

Ich ersparte mir danach weitere, mich zum bloßen Zuhörer erniedrigende Demütigungen, wahrscheinlich sehr zum Schaden meiner eigenen Vortragskunst und Sprechtechnik.

Der größte Teil der dank Hufnagels Einsatz und Großmut abends bekochten Studenten stammte aus Württemberg. Unterhaltungen wurden in der Regel nicht auf Hochdeutsch geführt. Immerhin wurden von den auf dem

Land beheimateten Studenten bei Gesprächen mit den aus Ulm oder Schwäbisch Gmünd stammenden Kommilitoninnen jene Ausdrücke und Wendungen vermieden, die die Vermutung nahelegen konnten, daß sie noch vor kurzem den Eltern dabei geholfen hatten, Mist und Jauche auf Äcker und Felder zu karren. Seitdem im Spätsommer 1949 der in Heilbronn geborene Theodor Heuss zum ersten Präsidenten der Bundesrepublik Deutschland gewählt worden war, genoß die Landessprache, wenn es sich bei ihr auch nicht um das in seinen offiziellen Reden und Verlautbarungen anklingende Honoratiorenschwäbisch handelte, ein, wenn auch gelegentlich belächeltes, neues Ansehen.

Ich versäumte es selten, während der in Erolzheim verbrachten Semesterferien mit dem Fahrrad in Ehingen die dort verbliebenen Bekannten aufzusuchen. Besonders gerne kehrte ich in die gastlichen Häuser meiner um ein Jahr jüngeren Freunde Hans Baier und Fritz Ackermann zurück. Sie wohnten beide auf dem Wolfert. Hans war das älteste von zahlreichen früh verwaisten Geschwistern, um die sich seit dem Tod der Eltern eine unverheiratete Tante kümmerte. Fritz war ebenfalls das älteste von vier Geschwistern. Sie wurden bis kurz vor meinem Weggang von Ehingen allein von der Mutter betreut, da der Vater, wie so viele andere, von den Franzosen noch einige Jahre nach Kriegsende als Gefangener zurückgehalten wurde. Paula und Margund, Schwestern meiner Freunde, befanden sich, seitdem ich in Tübingen war, im Internat des im ehemaligen Kloster Ochsenhausen untergebrachten staatlichen Aufbaugymnasiums, wo ich sie gelegentlich besuchte und ihnen als stets interessierten Zuhörerinnen viel von meinem Germanistikstudium und meinen neuesten literarischen Entdeckungen erzählte.

Zu ihnen gehörten vor allem die Expressionisten, seitdem mir ein Kommilitone für ein paar Tage das von ihm gekaufte, 1948 in Urach erschienene Buch «Was war Expressionismus?» von Fritz Martini ausgeliehen und ich fleißig aus ihm exzerpiert hatte. Ganz besonders hatte mich dabei Georg Trakl beeindruckt, von dem ich alles las, dessen ich im Deutschen Seminar und in der Universitätsbibliothek habhaft werden konnte. Es muß die zum ländlichen Katholizismus Trakls gehörende Welt seiner Bilder, Gleichnisse und Personen gewesen sein, die es mir angetan hatte, wie auch der Umstand, daß sich diese Welt nicht mehr in einer in sich ruhenden Geschlossenheit, sondern in einem Zustand des Zerfalls und der Auflösung darstellte. Mir schien der Dichter aus dem Herzen zu sprechen. Die Tatsache, daß er sich unter dem Eindruck des Ersten Weltkriegs, halb wahnsinnig geworden, wahrscheinlich mit einer Überdosis an Drogen das Leben genommen hatte, schien mir eine zusätzliche Gewähr, daß es sich bei ihm um einen bedeutenden Lyriker handeln mußte. Auch die beiden Mädchen ließen sich von mir überzeugen, und sie überredeten ihren Schulleiter, der große Stücke auf sie hielt, mich zu einem Vortrag einzuladen. Es muß 1951 gewesen sein und wurde mein erster öffentlicher Auftritt vor einem Publikum. Er fand in wohlwollender Umgebung und vor prächtiger Kulisse statt, fast ausschließlich vor mit mir fast gleichaltrigen Schülerinnen und einigen ihrer Lehrer im spätbarocken Bibliothekssaal.

Fritz, der ein Jahr nach mir das Abitur im neusprachlich-naturwissenschaftlichen Zweig des Ehinger Gymnasiums abgelegt hatte, verfügte seit einiger Zeit gelegentlich über ein Zweirad mit Hilfsmotor. Mit ihm holte er mich zu meinem Vortrag ab. Als ein im Gegensatz zu mir vielseitig und universell begabter, aber vielleicht doch eher zu den exakten Wissenschaften hingezogener Schüler hatte er sich für das Fach Geodäsie an der Technischen Hochschule in Stuttgart immatrikuliert. Er interessierte sich für Maschinen, ihre Zusammensetzung und ihr Funktionieren und stand ihnen nicht so ratlos gegenüber wie ich. Während er den Gepäckträger seines Mofas durch Auflegen eines Kissens vor der Abfahrt zu einem Soziussitz umfunktionierte, sah Fritz, daß ich ein paar lose Blätter in die Jackentasche steckte, und erkundigte sich, ob das mein ganzes Vortragsmanuskript sei. Ja, das sei es, gab ich mich scheinbar recht sorglos. Ich hätte einfach vor, einige Gedichte vorzulesen, erklärte ich ihm, die meisten könne ich außerdem fast auswendig, die würden dann schon für sich selber sprechen, und etwas werde mir schon zu ihnen einfallen, wenn ich mit der Rezitation zu Ende sei. Ob er noch nie etwas von Inspiration gehört habe, fragte ich ihn hochnäsig. Er als Mann einer technischen Disziplin könne sich nicht darauf verlassen, der Teufel stecke schließlich bei allem, was man mache, immer im Detail. Er hätte bis zur Stunde außerdem immer geglaubt, falls es so etwas wie Inspiration überhaupt gebe, überkomme die eher die Dichter als ihre Interpreten.

Das kurze Gespräch mit dem stets besonnenen Freund hatte mich mehr verunsichert, als ich zu erkennen gab. Wahrscheinlich war also gar nicht so sehr die an meinem improvisierten Soziussitz fehlende Federung die Ursache, daß es mir bei der viertelstündigen Fahrt immer mulmiger zumute wurde, denn als ich nach unserer Ankunft wieder festen Boden unter den Füßen hatte, fühlte ich mich kaum besser. Daran konnten auch die uns freundlich begrüßenden Mädchen nicht viel ändern. Je näher der auf den frühen Abend angesetzte Zeitpunkt meines Vortrags rückte, um so liederlicher kam ich mir wegen meines fehlenden Vortragsmanuskripts vor.

Der aufmunterndes Wohlwollen verbreitende Schulleiter, bei dem ich kurz vor meinem Vortrag vorsprach, zeigte mir nicht ohne berechtigten Stolz den Bibliothekssaal mit seinen Standfiguren und den lateinischen Inschriften. Die waren freilich eher dazu angetan, mich niederzuschmettern als mich aufzurichten. Das gesamte Bildprogramm stand unter dem Motto «Erudimini», «Laßt euch belehren». Heidnische Götter und christliche Heilige verkündeten es in erstaunlicher Einmütigkeit.

Als es endlich soweit war, ging es mir wie einem schlecht vorbereiteten Examenskandidaten nur noch darum, alles leidlich zu überstehen. Was ich im einzelnen vortrug, wie lange ich redete, ich wüßte es nicht zu sagen, auch nicht, ob es mir trotz allem gelungen war, mein Publikum irgendwie zu belehren. Ich hatte freilich ein für allemal gelernt, daß auf Inspiration kein Verlaß ist. Der Schulleiter als ein Mann, auf dessen Wort man zählen konnte, zahlte mir trotz allem das vereinbarte Honorar aus. Mir wäre es wohler gewesen, wenn er ein Bußgeld von mir verlangt hätte.

Die materiellen Probleme des Studentenlebens betrafen fast alle; dadurch wurden sie erträglich. Gespräche mit Kommilitonen, die lange Jahre an der Front und in Kriegsgefangenschaft verbracht hatten, taten ein übriges, um uns Jüngeren zu zeigen, was uns auf Grund des Geburtsjahrgangs alles erspart geblieben war. Ich durfte mich sogar glücklicher schätzen als die zum Straßenbild der Stadt gehörenden, mit mir etwa gleichaltrigen uniformierten jungen Franzosen, die in den Tübinger Kasernen militärischer Disziplin unterworfen waren. Sie hinwiederum mußten froh sein, daß sie in Deutschland sein konnten und nicht nach Indochina oder Algerien abgeordnet worden waren, um die dortigen Unabhängigkeitsbewegungen in aussichtslosen und für die in moralischer Hinsicht Sensiblen längst verwerflichen Kolonialkriegen zu bekämpfen. Das alles kann hinreichend erklären, daß sich die Tübinger Jahre in meinem Gedächtnis nicht nur als eine Zeit der Entbehrungen, sondern im Gedanken an das Lehrangebot und die mir in den Seminaren und an der Universitätsbibliothek zugänglichen Bücher trotz allem auch als eine Epoche beglückenden Überflusses festgesetzt haben. Das Entzücken, mit dem ich mich jedesmal in die veröffentlichten Vorlesungsankündigungen vertiefte, stand dem eines Gourmets, der die lukullischen Verheißungen einer Speisekarte studiert, in nichts nach. Aus finanziellen Gründen waren mir gastronomische Genüsse zwar versagt, niemand verwehrte es mir jedoch, mich den Hörern der philologischen Nachbardisziplinen zuzugesellen oder kunstgeschichtliche, indologische oder theologische Vorlesungen zu besuchen.

Ich stieß daher schon bald bei meinen Erkundungshospitationen auch auf den eben erst habilitierten und durch die Veröffentlichung seines ersten Romans bereits mit einer literarischen Aura umgebenen Walter Jens. Nicht nur die Tatsache, daß er noch sehr jung war und im Sommer an heißen Tagen seine Vorlesungen in kurzen Hosen hielt, sicherte ihm schon bald einen Sonderstatus im Tübinger Lehrkörper. Mich beeindruckte die Art und Weise, wie er sich zwischen den Epochen und Literaturen bewegte, und daß er Gewährsleute aus Antike, Humanismus und Gegenwart zitierte, als spreche er von Freunden, mit denen er sich eben erst angeregt unterhalten hatte. Die vielseitige Belesenheit und die brillante Rhetorik seines Vortrags hätten einen immer noch dumpf und richtungslos nach Orientierung seiner Interessen suchenden Hörer wie mich eigentlich erdrücken und verängstigen müssen. Das Gegenteil war der Fall, weil sich Jens nicht in narzißtische Selbstinszenierung verlor. Er verstand sich als Citoyen einer weltumspannenden Gelehrtenrepublik, an der es mit allen Mitteln und mit Hilfe aller guten Geister der Vergangenheit und Gegenwart zu arbeiten galt und die entschlossen und unerschrocken gegen Fanatismus und Obskurantismus verteidigt werden mußte. Niemand war von ihr ausgeschlossen, der ihre Gesetze respektierte. Dazu gehörte, daß der junge Dozent im Gegensatz zur Mehrzahl der Tübinger Professoren explizit zu den Jahren der Diktatur Stellung nahm. In seinen Vorlesungen kündigte sich bereits jene Auseinandersetzung mit der Vergangenheit an, die dann in den späten sechziger Jahren in den Protesten und Demonstrationen einer neuen Studentengeneration artikuliert und ausgetragen wurde.

In den Räumen des Schlosses Hohentübingen waren einige Universitätsinstitute, unter anderem das nach Ludwig Uhland benannte Seminar für Volkskunde, untergebracht. Die hier stattfindenden Lehrveranstaltungen waren ganz besonders beliebt, weil sie zumeist ein noch relativ junger Dozent, Hugo Moser, nicht nur durch Sommerfeste, sondern auch durch Exkursionen zu einem krönenden Abschluß brachte, bei denen mir wie auch zahlreichen anderen Teilnehmern zum erstenmal Gelegenheit geboten wurde, ins Ausland zu reisen. Bei dem von mir besuchten Seminar war es, wenn ich mich recht erinnere, um Dialekte und deren Verhältnis zur Hochsprache gegangen, ganz besonders aber um die Unterschiede von Schwäbisch und Alemannisch. Das kann erklären, warum die Exkursion bis nach Basel führte, wo Moser Kontakt mit dem als Spezialist für Johann Peter Hebel ausgewiesenen Germanisten Wilhelm Altwegg aufgenommen hatte. Auf der Fahrt dorthin wurde uns von dem Seminarleiter eingeschärft, es nicht an der bei dieser für viele ersten Auslandsreise nach dem Krieg gebotenen Zurückhaltung fehlen zu lassen und lediglich Fragen rein wissenschaftlichen Charakters zu stellen. Der bereits in den Sechzigern stehende Basler Kollege empfing uns in seinem Institut urban und wohlwollend, hielt dann aber eine Ansprache, der alle zunächst mit gebotener Aufmerksamkeit, dann aber einige schon bald mit einer gewissen Verlegenheit lauschten: Es sei ihm anläßlich unseres Besuchs ein nicht zu unterdrückendes Bedürfnis, hob Altwegg ausdrücklich hervor, uns in unmißverständlicher Deutlichkeit zu sagen, mit welchem Befremden und schließlich mit welchem Entsetzen er und seine Landsleute die Entwicklung unseres Landes in den Jahren während der nationalsozialistischen Diktatur verfolgt habe. Die Anwesenheit so vieler während der Kriegsjahre herangewachsener junger Menschen gebe ihm jedoch Zuversicht hinsichtlich unserer Zukunft, wenn nur jeder und jede von uns bereit sei, der am Ende von Rilkes Sonett «Archaischer Torso Apollos» ausgesprochenen Mahnung Folge zu leisten: «Du mußt dein Leben ändern». Er flehte und sah uns alle mit erhobenen Armen und händeringend einzeln an und wiederholte den zitierten Halbvers mehrfach: «Du mußt dein Leben ändern».

Moser wurde trotz seiner vierzig Jahre wegen seines immer noch etwas jugendbewegten Auftretens von nicht wenigen Seminarteilnehmerinnen angebetet und bewundert. Während der kleinen Rede des Gastgebers trat er in wachsender Nervosität von einem Fuß auf den anderen, suchte jeden direkten Blickkontakt mit dem uns allen ins Gewissen Redenden zu vermeiden. Sobald das letzte «Du mußt dein Leben ändern» verklungen war, verzog er seinen im Lauf der Ansprache zusehends verkniffenen Mund zu einem verkrampften Lächeln, bedankte sich, sichtlich gekränkt und überstürzt, auch im Namen der Exkursionsteilnehmer für das von dem Basler Kollegen gezeigte Entgegenkommen und suchte dann mit uns im Gefolge hastig und fluchtartig das Weite.

Reise nach Frankreich

Die bedingungslose Kapitulation Deutschlands und Japans lag nicht viel mehr als ein Jahr zurück, als sich die Siegermächte schon bald in ein westliches und ein östliches Lager spalteten und schließlich 1948/49 mit der Blockade Berlins durch die Sowjetunion und der Versorgung der drei westlichen Besatzungszonen der viergeteilten Stadt über eine Luftbrücke der Kalte Krieg einsetzte. Dieser bedrohliche Unfrieden trug ebenso wie die Not der Hungernden, Ausgebombten, Verstümmelten, Vertriebenen und der nach langen Jahren oft todkrank aus der Gefangenschaft zu ihren Angehörigen Zurückgekehrten zu der damals gedrückten Stimmung bei.

Trotz aller Schikanen der Militärregierungen war nicht zu übersehen, daß der von ihnen verordnete Aufbau demokratischer Institutionen in den westlichen Besatzungszonen in mancherlei Hinsicht auch tatkräftig gefördert wurde. Zu den wegweisenden Initiativen gehörten schon bald nach Kriegsende die in der französischen Zone ermöglichten Begegnungen zwischen jungen Leuten beider Länder. Eine in ihrer Bedeutung kaum zu überschätzende Rolle spielten bei der Knüpfung dieser ersten Kontakte jene jungen Germanisten, die als Assistentinnen und Assistenten an die höheren Schulen entsandt wurden, auf ihre Aufgabe zwar zumeist höchstens in einem Wochenendseminar vorbereitet worden waren, aber nun auf gut Glück ihre pädagogische Sendung wahrnahmen. Sie waren nicht uniformiert und bewegten sich frei, was den Dialog mit ihnen erleichterte. Außerdem genossen sie trotz einiger Vergünstigungen hinsichtlich ihrer Unterbringung und

Verpflegung keine außergewöhnlichen Privilegien. Diese hätten zu der in ihrem Fall nicht unüberwindbaren Schranke, die Sieger von Besiegten trennte, eine die Kontaktaufnahme erschwerende soziale aufgerichtet.

Die Lebensumstände eines durchschnittlichen Tübinger Studenten machten es einem in den ersten Nachkriegsjahren nicht leicht, sich aus objektivierender Distanz mit den Ereignissen der jüngsten deutschen Geschichte auseinanderzusetzen, mochte auch das Bewußtsein, daß die Misere der Gegenwart das unmittelbare und unvermeidliche Ergebnis der nationalsozialistischen Vergangenheit, ihrer Angriffskriege und Verbrechen war, bei den wenigsten fehlen. In dieser Situation war jede Bekanntschaft und Begegnung, die einem nicht ständig die Enge des von Zonen- und Landesgrenzen, Schlagbäumen und Grenzpfählen parzellierten und segmentierten Alltags bewußt machte, ein Lichtblick. Die als Konsequenz der bedingungslosen Kapitulation erfolgte Zerstückelung und Aufteilung des «Großdeutschen Reichs» hatte viele (sofern sie nicht wie die Millionen Flüchtlinge aus dem Osten aus ihr vertrieben worden waren) wieder in die heimatliche Umgebung ihrer Ursprünge zurückverwiesen, zumeist aus schierer Notwendigkeit. Ich hatte freilich Studienfächer gewählt, die mir dabei behilflich sein sollten, mich nicht allzusehr auf das Nahe und Vertraute einengen zu müssen. Ein leises Unbehagen verursachte mir daher das Anheimelnd-Einschränkende des Dialekts, der in der Regel als Umgangssprache an Hufnagels Abendtisch, bei den Zugfahrten zwischen Rottenburg und Tübingen, vor den Hörsälen und Seminarräumen verwendet wurde. Dieses Unbehagen sei ungerechtfertigt, mußte ich mir sagen lassen. Zeige nicht gerade der in Rottenburg geborene und unter dem Pseudonym Sebastian Blau Gedichte in seiner

Mundart veröffentlichende Josef Eberle überzeugend, daß Nähe zur Landessprache nicht ohne weiteres mit Borniertheit gleichzusetzen war? Dank Eberles aus weltoffenem humanistischen Geist gespeister mutiger Haltung im Dritten Reich habe schließlich gerade er schon kurz nach Kriegsende von den Amerikanern die Lizenz zur Gründung der nun seit ihrem Bestehen um die demokratische Meinungsbildung im Land so verdienten «Stuttgarter Zeitung» erhalten. Er zeige aufs schönste, daß man als schwäbischer Mundartdichter nicht unbedingt auch das Format eines geistigen Gartenzwergs besitzen müsse, solange man sich nicht einrede, die Welt ende am Zaungatter vor der eigenen Nase. Ich stimmte diesen guten Argumenten zwar gerne zu, rechtfertigte meine Vorbehalte aber mit meinem Wunsch, aus dem Allzubekannten auszubrechen, anstatt mich davon einwiegen und einlullen zu lassen. Jedesmal, wenn bei den Fahrten zwischen Rottenburg und Tübingen die Wurmlinger Kapelle hinter den Zugfenstern auftauchte, stellte sich die Melodie zu Ludwig Uhlands Gedicht «Droben stehet die Kapelle» als Ohrwurm bei mir ein. Ich hatte es in Erolzheim in der Schule mit Oberlehrer Thuma und zu Hause mit Eltern und Geschwistern hundertfach gesungen. In der das Lied beschließenden Strophe «Droben bringt man sie zu Grabe / Die sich freuten in dem Tal. / Hirtenknabe, Hirtenknabe, / Dir auch singt man dort einmal» schien mir mein Lebensweg, Lebensraum und Lebensende unausweichlich vorgezeichnet.

Es hatte vor diesem Hintergrund etwas Befreiendes, als ich zu Beginn des Wintersemesters 1949/50 Pierre Chevallier kennenlernte. Er fuhr wie wir in Rottenburg wohnenden deutschen Studenten mit einer gewissen Regelmäßigkeit nach Tübingen. Profil, Haarschnitt, Kleidung, Gestik und Aussprache machten es leicht, ihn als Franzosen zu identifizieren. Ich war ihm wahrscheinlich in der Bäckerei, in der ich meinen täglichen Bedarf an Brot einkaufte, zum ersten Mal begegnet. Die Kunden wurden dort entweder von der vor der Zeit gealterten und abgearbeiteten Besitzerin oder aber zu meiner Freude nicht selten auch von der Tochter bedient. Wie ihr in Eile und nicht allzu streng geschürzter Morgenmantel zeigte, war sie eben erst aus den Federn gekrochen und strahlte mit der aus der Backstube in den Laden strömenden Ofenluft eine wohltuende Wärme aus. Ich suchte diese stets möglichst lange auszukosten, was jedoch erschwert wurde, als die Lebensmittelkarten überall schon bald nur noch pro forma verlangt und endlich gar vollständig abgeschafft wurden, so daß der Brotverkauf nun schneller vonstatten ging.

Eines Morgens trat kurz nach mir, zwar höflich grüßend, aber offensichtlich in Eile befindlich, der mir vom Aussehen her bereits vertraute und Rottenburgs Stadtbild belebende junge Franzose in den Laden. Ich überließ dem Atemlosen gerne den Vortritt, um mich einige Augenblicke länger am Anblick der hinter vorgehaltener Hand ihre Unausgeschlafenheit verbergenden Bäckerstochter zu weiden. Als wohlerzogener Kunde glaubte der Ankömmling uns trotz aller Hast eine Erklärung für seinen überstürzten Auftritt zu schulden. Er sei Assistent für Französisch am Progymnasium und wolle dort pünktlich bei Unterrichtsbeginn zur Stelle sein, um auf seine Klasse keinen schlechten Eindruck zu machen, erklärte er in nahezu perfektem, wenn auch nicht akzentfreiem Deutsch, zahlte, blinzelte mir, wie mir scheinen wollte, nach einem kurzen Gruß an die Adresse des Mädchens wie einem alten Bekannten zu und rannte weg. Im Zug traf ich ihn ein paar Tage danach wieder, und auf unseren Fahrten freundeten wir uns bald an.

Daß er in Paris zu Hause war, fand er nicht so aufregend wie ich. Seine Familie, erzählte er mir, wohne in Wirklichkeit in einem nicht besonders interessanten spießigen Vorort, Bourg-la-Reine. Natürlich sei er in erster Linie in Rottenburg, um Deutsch zu lernen und um auf Anraten seiner Dozenten Land und Leute vor Ort zu studieren. Wie ich bald feststellen konnte, brachte kaum jemand bessere Voraussetzungen dafür mit als er. Er sah die Wirklichkeit, die ihn umgab, fast nie durch die Brille irgendwelcher Vorinformationen, die seinen wachen Blick auf die Menschen und Gegenstände seiner Umgebung nur verstellt hätten. Der Lernbegierige zog es vor zu beobachten und hielt sich mit seinem Urteil zurück. Unbekannte Redewendungen und Wörter notierte er oft unverzüglich auf mitgeführten Zetteln. Dies hätte ihm bei aller geistigen und körperlichen Beweglichkeit einen pedantischen Anstrich geben können, hätte er seine Notizen dann nicht plötzlich und ohne ersichtliche Systematik in irgendeiner seiner Hosen- oder Anoraktaschen verstaut, um sie dann nach einer Weile, über den unerwarteten Fund freudig erstaunt, wieder zu seiner und meiner Erheiterung hervorzukramen.

Wie es ihn gerade zu uns an den Neckar verschlagen habe, wollte ich natürlich wissen. Er sei bereits im August 1948 bei den «Rencontres internationales de Jeunesse», den «Internationalen Jugendtreffen», in Freiburg gewesen und dann als Assistent an eine Schule nach Idar-Oberstein entsandt worden, wo niemand von den dort aufgesuchten Franzosen und Deutschen so recht gewußt habe, wie und wo man ihn verwenden solle. Er wollte sich jedoch nicht einschüchtern oder gar wieder nach Frankreich schicken lassen. So habe er den ihm zugedachten Lehrauftrag dann trotz allem wahrnehmen können.

In bürokratischen Hürden sah Pierre immer eher Herausforderungen, die es mit vitalem Elan zu beseitigen galt, als unübersteigbare Hindernisse. Hierin war ich ihm keinesfalls ebenbürtig. Kafkas Romane, Erzählungen und Parabeln waren mir und vielen anderen deutschen Studenten erst jetzt auf der Universität zugänglich geworden. Sie lieferten uns im nachhinein einen Schlüssel zum Verständnis der Diktatur, aus der wir kamen: Handeln, so konnte es aus der Sicht des Prager Schriftstellers scheinen, war grundsätzlich zum Scheitern verurteilt oder hatte zumindest verhängnisvolle Konsequenzen. Die Bilder und Gleichnisse des faszinierenden Erzählers waren ganz besonders dazu angetan, um Besiegte und Beschuldigte zu beeindrucken. Pierre war zwar jede Siegerpose fremd, aber die temperamentvolle Unrast, mit der er Probleme anging, zeigte doch, daß er, im Gegensatz zu seinen deutschen Gesprächspartnern, nicht unter deren ständigem, oft geradezu zwanghaftem Rechtfertigungsbedürfnis litt.

Pierre lud im Frühjahr 1950 außer mir auch die am «Centre d'études et d'information» in Tübingen als Bibliothekarin tätige Romanistin Feli Kaspar und den in Görlitz beheimateten, verwaisten und nach abenteuerlicher Flucht von Verwandten in Geislingen aufgenommenen Zoologen Wilhelm Schüle ins Haus seiner Eltern nach Bourg-la-Reine ein. Der rührige Pariser ließ sich durch die vielen Schwierigkeiten, die sich einem derartigen Unterfangen entgegenstellten, nicht beeindrucken, sammelte die nötigen Informationen, erledigte die erforderlichen Schritte in den Büros der französischen Militärregierung, die den Plan schließlich unter dem Etikett «voyage culturel», kulturelle Reise, guthieß. Marie-Claire Dufourcq, eine irgendwo in Baden tätige Schulassistentin, sollte sich in Paris dem nach dem Besuch der Hauptstadt geplanten

Ausflug durch die französische Provinz über Chartres, die Städte und Schlösser an der Loire bis hinauf an die Nordküste der Bretagne anschließen. So unwahrscheinlich es mir scheinen mochte: Pierre erlahmte in seinen Bemühungen nicht, bevor die Voraussetzungen für einen termingerechten Aufbruch erfüllt waren.

«Monsieur, votre vélo passera», «Monsieur, Ihr Fahrrad wird weiterbefördert werden», versicherte mir der französische Zollbeamte, nachdem ich konsterniert festgestellt hatte, daß im Gegensatz zu denen meiner drei Mitreisenden meines noch nicht am Grenzbahnhof in Kehl eingetroffen war. Solche Verzögerungen, beruhigte er mich, seien nicht ungewöhnlich, dann nehme aber alles seinen richtigen Gang. Ich könne daher getrost mit meinen Freunden weiterreisen: Meine persönliche Gegenwart sei nicht erforderlich, um den Weitertransport zu garantieren, beruhigte er mich in einem Ton, als stünde die Ehre Frankreichs auf dem Spiel. Zwei Tage später wurde mir das Fahrrad tatsächlich auf der Gare de l'Est in Paris übergeben. Wie sollte ich ein Land und seine Menschen nicht lieben, wenn sie sich bei meinem ersten Grenzübertritt derart entgegenkommend und zuverlässig präsentierten? In Kehl hatte ich schon befürchtet, ich könne vielleicht gar nicht an der von Pierre in seinem Programm vorgesehenen Tour teilnehmen, wenn das mir von meinem Vetter Reinhold großmütig ausgeliehene Fahrrad nicht rechtzeitig eintreffen sollte. Es war von meinen Freunden in Tübingen als «vieux clou», als schrottreifer alter Nagel, verhöhnt worden, was mich weder störte noch kränkte, hatte ich doch beizeiten gelernt, mich mit dem mir Erreichbaren abzufinden. Das marode und teutonisch schwerfällige Vehikel aus Erolzheim hatte auf dem Tübinger Bahnhof fast doppelt soviel auf die Waage gebracht wie Pierres romanisch schnittiges Rennfahrermodell. Wilhelm machte am Abend, bevor ich es glücklich wiederfand, den Vorschlag, ich solle mich doch bei den beiden weiblichen Reiseteilnehmerinnen (die deutsche war mit uns angekommen, die französische hatte uns am Bahnhof in Paris erwartet), falls ich ohne Fahrrad bleiben sollte, als Tret- und Pedaliersklave verdingen. Er wolle sich seinerseits gerne darum bemühen, die Fahrradgepäckträger der Mädchen mit Hilfe aufeinander getürmter und festgezurrter Sofakissen zu komfortablen Panoramahochsitzen umzurüsten und die Schuhspitzen der beiden Schönen mit Sporen zu versehen, um mich davor zu bewahren, eine derart beneidenswerte Aufgabe nur halbherzig und allzu saumselig wahrzunehmen. Er vermute nämlich, daß der brave Tübinger Eisenbahner, der etwas unbedacht und in verhängnisvoller Selbstüberschätzung meinen Klepper in das Gepäckwagenabteil des Triebwagens nach Horb zu hieven versucht habe, inzwischen mit einem doppelten Leistenbruch darniederliege, so daß sich seine Arbeitskollegen wohl davor hüten dürften, mein Gefährt anzufassen.

Niemand in unserer Gruppe wunderte sich darüber, daß es einem Provinzler aus Oberschwaben in der französischen Hauptstadt angesichts der Fülle der zu verarbeitenden Eindrücke zunächst einmal die Sprache verschlug. Wie sollte ich aber auch all die mich eher befremdenden als wirklich beeindruckenden, im Dienst einschüchternder Monumentalität und auftrumpfender Repräsentation stehenden Denkmäler und Bauten auf Anhieb verkraften oder gar verstehen? Endlose Prachtstraßen wie die Champs-Élysées, in riesigen Sälen und Gängen aufgehäufte Kunstschätze wie im Louvre, aber auch die mit geometrischer Genauigkeit abgezirkelten Garten- und Parklandschaften, wie wir sie im nicht weit von Bourg-la-Reine liegenden Sceaux und dann in Versailles sahen, erlebte ich vorwiegend als Fremde, zu der mir der Zugang verwehrt war. Ich behielt es für mich, denn erleichtert hatte ich festgestellt, daß dieses Gefühl des Ausgeschlossenseins, das sich angesichts der während der Herrschaft des Sonnenkönigs entstandenen Bauten und Anlagen einstellte, ganz ausgeblieben war, als wir Notre-Dame besichtigt hatten. Die Erinnerung an das Ulmer Münster, das seit meiner Kindheit einen bleibenden Eindruck in mir hinterlassen hatte, machte es mir nicht allzuschwer, eine Kathedrale zu bewundern, die mir außerdem aufgrund der Lektüre von Victor Hugos Roman, den ich bereits in Ehingen in deutscher Übersetzung verschlungen hatte, geradezu vertraut war.

Je weiter wir uns nach unserem mehrtägigen Parisaufenthalt von der französischen Hauptstadt und ihrem für Fußgänger und Radfahrer in gleicher Weise beängstigenden Verkehr entfernten, um so mehr fühlte ich mich aufgehoben in einer Landschaft, die nichts Beklemmendes und Einschüchterndes an sich hatte. Pierre suchte dem in unserem Visumsantrag vermerkten eingetragenen Motiv der Reise, «voyage culturel», auf der ganzen Tour gerecht zu werden und zu entsprechen, was mir beim Gedanken an mein lückenhaftes Wissen über Frankreich nur recht sein konnte. Er las uns mehrfach, während wir im Abseits der Straße rasteten, aus einem französischen Reiseführer einschlägige Passagen über die bereits zurückgelegten oder noch zu bewältigenden Etappen und Orte vor oder wartete gar mit Biographien und Texten berühmter Dichter auf, die zu dem Gesehenen Bezug hatten. Die Mädchen lauschten andächtig, und auch ich zeigte mich lernwillig. Nur Wilhelm stahl sich gelegentlich aus diesen Lesungen davon. Als Naturwissenschaftler sei er es sich, bei allem Respekt für die Poesie, schuldig, formalem Schnickschnack zu mißtrauen, um dessentwillen die Wirklichkeit nicht selten entstellt, wenn nicht gar in unzumutbarer Weise zurechtgerückt werde. Es sei ihm nämlich hinterbracht worden, daß sogar Plato, dem man bekanntlich die Erfindung des Idealismus verdanke, den Dichtern mißtraut habe. Was ihn anbelange, werde er sich daher lieber auf dem Gelände kundig machen, um sich zu vergewissern, ob es, falls wir in der Nähe nächtigen wollten, als Lagerplatz auch geeignet sei.

Von den beiden mitgeführten Zelten war das kleinere den Mädchen zugedacht, das größere uns Knaben. Wilhelm verließ jedoch Pierre und mich zumeist schon nach kurzem mit seinem Schlafsack, um unserem durch unziemliche Schweißabsonderung von ihm als kleinbürgerlicher Mief bezeichneten Dunstkreis zu entgehen. Es dauerte dann nicht allzu lange, bis sich aus angemessener Entfernung, nicht allzu weit vom Mädchenzelt, Mundharmonikaklänge vernehmen ließen. Wenn wir ihn am nächsten Morgen wegen seiner stimmungsvollen Abendserenaden verspotteten, räumte er ein, daß selbst er zwischen Wachen und Schlafen nicht ungern auf seinem handlichen Instrument einen Ausflug in musische Gefilde unternehme, besonders wenn er sich in der Nähe von schlaftrunkenen Troubadouren und Minnesängern befinde, deren Ovationen an die Mädchen sich auf rohes und lautes Schnarchen beschränke.

Meine ersten Kontakte zu Pierre waren trotz unserer verschiedenen nationalen und sozialen Herkunft (sein Vater lehrte als angesehener Jurist und Politologe in Paris) durch den uns gemeinsamen Katholizismus der Kindheit und Jugend erleichtert worden. Er schuf einen uns verbindenden Hintergrund vergleichbarer Erlebnisse und Erfahrungen, die wir ungern vermißt hätten. Pierre hielt es mit der gelösten Heiterkeit der Friedfertigen und Sanftmütigen, die sich kaum vorstellen können, daß ihr himmlischer Vater ständig wie ein mißmutiger Griesgram oder cholerischer Lehrer bedingungslose Unterwerfung einfordere.

Während wir uns bereits auf dem Weg nach Chartres befanden, erzählte uns Pierre bei einer Rast von seiner mit Pariser Studenten unternommenen Fußwallfahrt von der Hauptstadt bis zu der berühmten Kathedrale. Nicht alle von uns taten sich wie ich und Marie-Claire so leicht damit nachzuvollziehen, warum man ein so fernes Ziel im Zeitalter von Zügen, Automobilen und Fahrrädern unbedingt zu Fuß erreichen wollte. Das sei mit – wenn auch unausgeschlafenen – jungen Leuten keinesfalls reizlos gewesen, lachte Pierre. Die größte Schwierigkeit habe jedoch der Wunsch der meisten Pilger dargestellt, in Chartres bei dem gemeinsamen Gottesdienst zu kommunizieren, ohne sich an dem vor dem Empfang des Sakraments vorgeschriebenen Nüchternheitsgebot zu versündigen. Nicht alle hätten das geschafft, erzählte er, einige seien, während die Türme der Kathedrale bereits im Morgendunst vor ihnen auftauchten, entkräftigt und bewußtlos zusammengebrochen, von improvisierten Pflegern und Pflegerinnen durch einen Trunk gestärkt und wieder ins Leben zurückgerufen oder zurückgetätschelt und dann von den sie begleitenden Seelsorgern inständig angefleht worden, es gut sein zu lassen und die Aufnahme fester Nahrung nicht länger zu verweigern. Wie das, wollte ich wissen. Flüssigkeiten, erklärte Pierre, habe man dank einer Dispens des Erzbischofs von Paris für die Teilnehmer sehr wohl zu sich nehmen dürfen, natürlich keinen Alkohol, die meisten unter den Ohnmächtigen hätten allerdings päpstlicher als der Papst sein wollen und in der Ausnahmeregelung eine unziemliche Aufweichung des Nüchternheitsgebots gesehen, dann aber schon bald am Straßenrand liegend den Weg gesäumt. Er gestehe gerne ein, daß er nicht zu diesem unerbittlichen Kern der frommen Fußgänger gehört und sich ausgiebig mit Kakao gestärkt habe. Dabei sei allerdings bei den Gewissenhaften, zu denen er sich wohl zählen dürfe, das Problem aufgetaucht, daß die Markierung der Grenze zwischen fest und flüssig auch eingefuchste Kasuisten in Verlegenheit bringen könne. Was die Wallfahrt nach Chartres betreffe, so habe man sich damals darauf geeinigt, daß all das, was man aus einem wie auch immer gearteten Gefäß trinkend oder schlürfend, also ohne Benutzung von Gabel oder Löffel, zu sich nehmen könne, also auch sehr konzentriert mit Milch angerührter Kakao, als flüssig zu betrachten sei. Marie-Claire lächelte verständnisvoll. Ich billigte den listigen Kompromiß. Die Berlinerin kicherte, der Görlitzer feixte. Mich freute es insgeheim, daß Erolzheim offensichtlich näher bei Paris als bei Berlin lag.

Am Mont-Saint-Michel sah ich zum erstenmal das Meer. Ich kann nicht sagen, daß es mich überwältigte. Ich wußte, daß ich genauso wie in Paris eine so überraschende Fremde ruhig auf mich wirken lassen mußte, ehe sie mich bezaubern konnte. Dort begegneten wir den in der Nähe in der Sommerfrische weilenden Eltern Pierres, die die Gäste ihres nach Frankreich zurückgekehrten Sohnes kaum weniger herzlich begrüßten als ihn selbst. Ein paar Tage später fuhren wir in Trébeurden, dem Ziel unserer Fahrradtour, mit einem bretonischen Fischer früh am Morgen mit einem Motorboot auf die offene See. Nach wenigen Minuten war ich bereits seekrank, was bei den

Freunden eher Heiterkeit als Mitleid verursachte. Ich gab mir bald Rechenschaft, daß ich nicht aus dem Holz der Abenteurer, Entdecker und Weltumsegler geschnitzt war, und war froh, als wir die Küste mit den roten Granitfelsen bei Perros Guirec an den folgenden Tagen auf unseren Fahrrädern erkundeten und Pierre uns nicht wie der Fischer auf schwankenden Planken, sondern auf festem Grund einiges von der Herkunft der Bretonen und dem keltischen Ursprung ihrer Sprache erzählte.

Unsere zunächst fünfköpfige Reisegesellschaft löste sich in Trébeurden endgültig auf (Marie-Claire, von ihrer Familie ungeduldig erwartet, hatte uns bereits in Saint-Malo verlassen). Nur Wilhelm und ich sollten gemeinsam nach Paris zurückkehren. Ich schlug den kürzesten und schnellsten Weg vor, nicht zuletzt wegen des mittlerweile fast aufgebrauchten Geldes. Das könne er nicht gelten lassen, meinte Wilhelm, da er noch über einen Reisescheck verfüge, den er beim Crédit Lyonnais im nahen Morlaix einlösen und dann auf der zwar längeren, aber dafür um so interessanteren Route über Brest und die Küsten und Ortschaften der südlichen Bretagne mit mir gemeinsam verprassen wolle. Während ich auf der von ihm aufgefalteten Karte hartnäckig mit dem Finger auf die kürzeste Strecke nach Paris hintippte, stieß er Namen hervor, die mir nichts bedeuteten und sagten. Riskierte ich nicht, mich bei der Weiterfahrt mit ihm auf ein Abenteuer einzulassen, bei dem ich mich meinem Weggenossen auf Gedeih und Verderb auslieferte? Ihm gehörte das Geld, er besaß das Zelt, und sein Fahrrad war, im Gegensatz zu dem meinen, bestens in Schuß. Während ich mich stets am liebsten dem Zufall überließ und im Notfall zuversichtlich auf die Hilfsbereitschaft meiner Mitmenschen zählte, vertraute Wilhelm, soviel hatte ich inzwischen gesehen, auf seinen Einfallsreichtum und seine technische Begabung, die ihm in schwierigen Lagen aus der Patsche halfen. Wir hätten kaum unterschiedlicher sein können. Aber vielleicht war gerade dies ein guter Grund, um unsere Reise gemeinsam fortzusetzen. Ich bedachte mich also nicht lange und nahm seinen Vorschlag an. Er lobte meine Entscheidung als die einzig richtige. Schließlich habe er mich mit seinem Photoapparat zur Freude kommender Geschlechter abgelichtet, als ich mich nur wenige Tage zuvor unter den ermunternden Zurufen der beiden Mädchen auf dem Sockel des Chateaubriand-Denkmals in Saint-Malo dem illustren Vorbild in Gestus und Haltung nacheifernd in Pose gesetzt hätte. Es freue ihn, daß sein künstlerisches Können nicht an einen Unwürdigen verschwendet worden sei. Von Marie-Claire wisse er zwar, daß der bretonische Graf in Amerika nicht ganz so weit herumgereist sei, wie er später in seinen Schriften behauptet habe, aber mit Literaten, das wisse er inzwischen, müsse man wohl ein Nachsehen haben, wenn er sich als Naturwissenschaftler damit bisweilen auch schwertue. Es fiel Wilhelm nicht immer so leicht wie mir, die auf dem Weg nach Brest von uns besichtigten Calvaires zu deuten und zu verstehen. Mir waren hingegen die auf ihnen dargestellten Episoden und Personen seit den Kreuzwegandachten meiner Kindheit vertraut. Er lauschte meinen Erläuterungen aufmerksam, ließ aber keine besondere Ungeduld erkennen, sein lückenhaftes theologisches Wissen zusätzlich zu ergänzen.

In Brest gerieten wir an den Rand eines militärischen Sperrgebiets. Ein Uniformierter hielt uns an, fragte, was wir hier zu suchen hätten, und begehrte unsere Pässe zu sehen. Ich stand Rede und Antwort. Nachdem er unsere Visa und die darauf eingestempelten Einreisevermerke für richtig befunden hatte, wünschte er uns ohne weitere Rückfragen gute Weiterreise. Wilhelm lobte mich. Mein Französisch, so viel habe er inzwischen festgestellt, reiche zwar nicht aus, um mich bei irgendeinem Geheimdienst zu verdingen, habe dem Krieger aber zeigen können, daß es in der französischen Besatzungszone nicht an lernwilligen Deutschen mangele. Außerdem sei die mir glaubwürdig ins Gesicht geschriebene Arglosigkeit besser als seine, wie ich wohl einräumen müsse, wesentlich pfiffigere Physiognomie geeignet, selbst mißtrauische Gemüter zu besänftigen, versöhnlich zu stimmen und so den Konfliktfall vermeiden zu helfen.

Ab Brest hatten wir kaum noch gegen widrige Winde in die Pedale zu treten. Die seltenen Autos, die uns von hinten kommend überholten, warnten uns rechtzeitig durch lautes Hupen. Nur einmal schrie uns ein aufgebrachter Fahrer durch das heruntergekurbelte Fenster zu, ob wir uns denn, «Bon Dieu», einbildeten, die Straße sei nur für uns gebaut worden.

In den kleinen Städten mit ihren vor Anker liegenden Booten und schreienden Möwenschwärmen, in denen wir uns für den Tag verproviantierten, suchten wir jedesmal auch einen Zeitungskiosk auf, um den Schlagzeilen wenigstens die neuesten Meldungen über den Krieg in dem wie Deutschland durch den Kalten Krieg geteilten Korea zu entnehmen. Sie überschatteten die gesamte Reise durch Frankreich. Schließlich war es noch nicht allzu lange her, daß wir erlebt hatten, wie schnell militärische Auseinandersetzungen, auch die an fernen Orten, plötzlich globale Ausmaße annehmen konnten. Das mag mit ein Grund gewesen sein, warum wir nur selten darüber sprachen. Wir wollten kein Unheil herbeireden.

Ich staunte, was Wilhelm alles gelesen hatte. Das verdanke er, wie sein eines etwas verkürztes Bein und den hinkenden mephistophelischen Gang, einem lange zurückliegenden Unfall auf dem Schulhof, in dessen Folge immer wieder an ihm herumoperiert und herumgedoktert worden sei, was ihm anschließend mehrmals monatelange Aufenthalte in Sanatorien eingebracht habe. Fast alle Besucher dort hätten sich bemüht, ihn durch spannende oder unterhaltsame Lektüre bei Laune zu halten. Besonders Wilhelm Busch sei dies gelungen. Daher würze er auch heute noch seine Reden ständig mit Zitaten aus dessen Bildergeschichten. Sogar seine Facharbeit für das Abitur habe er über ihn verfaßt. Sein Deutschlehrer in Geislingen habe den Vorschlag zunächst zwar abgelehnt, da er den Verfasser von «Max und Moritz» nicht der hohen Literatur zugezählt habe. Schon dies könne zeigen, wes Geistes Kind er gewesen sei. Ob ich «Fipps der Affe» kenne, wollte Wilhelm wissen. Diese Bildergeschichte sei ein Vademecum für jeden Darwinisten und Evolutionstheoretiker und belege anschaulich, daß der Mensch ein heruntergekommener Affe, ein von den Bäumen heruntergekommener, sei.

> Wenn wo was los, er darf nicht fehlen;
> Was ihm beliebt, das muß er stehlen;
> Wenn wer was macht, er macht es nach;
> Und Bosheit ist sein Lieblingsfach.

Ob mir denn schon etwas von Konrad Lorenz und seinen Arbeiten über vergleichendes tierisches und menschliches Verhalten zu Ohren gekommen sei, fragte er weiter. Nein? Für ihn seien sie ein Grund gewesen, Zoologie zu studieren. Sie und seine Erfahrungen mit Pferden, als er nach Kriegsende vorübergehend auf dem nach Marbach auf der Schwäbischen Alb geflüchteten ungarischen Staatsgestüt Debrecen gearbeitet habe, was ihm ein ungarisches Soldbuch eingebracht und ihn in eine «displaced person» verwandelt habe.

Schon bald erhielt ich die Bestätigung, daß es sich bei dem Erzählten nicht um bloße Renommisterei gehandelt haben konnte. Wir übernachteten bei unsicherem Wetter im Zelt. Eines Morgens weckte uns dort das aufgeregte Getrappel von Pferdehufen. Wilhelm spähte ins Freie: «Wir haben, ohne es zu wissen, in einer Koppel geschlafen. Ich muß die Tiere beruhigen. Das gelingt mir nur, wenn du dich nicht blicken läßt. Dein verschrecktes Gesicht würde sie nur noch nervöser machen.» Ich verkroch mich gehorsam und schleunigst wieder in meiner Decke und beobachtete ihn durch den Spalt des Zelteingangs. Plötzlich hielten die Pferde im Laufen inne. Er trat auf sie zu und kraulte ihre Mähnen. Sie ließen es sich mit sichtlichem Wohlbehagen gefallen.

Inzwischen waren wir auf dem Weg nach Carnac. Was er sich eigentlich Besonderes davon verspreche, was dort denn so wichtig sei, erkundigte ich mich. Sicher nicht schon wieder ein hochnäsiger Poet wie in Saint-Malo, zu dessen Füßen ich mich für die Nachwelt postieren könne. Statt dessen gebe es dort ausgedehnte, vor etwa fünftausend Jahren aufgerichtete Steinfelder, deren Gegenwart und Anordnung Rätsel genug aufgäben, belehrte er mich, auch daß der höchste, allerdings zerbrochene dieser auf keltisch «Menhire» genannten Riesenkerle über zwanzig Meter erreicht habe. Wie ich aber bereits mit eigenen Augen sehen könne, seien auch die anderen eindrucksvoll genug, sagte er, auf die in der Ferne auftauchenden ersten Exemplare hinweisend. Es dauerte nicht lange, bis uns ein zehnjähriger Junge in den Weg trat, der uns mit geübtem Blick als Ortsfremde ausgemacht hatte. Er schickte sich an, uns auf seine Art die Geschichte dieser Steine zu erzählen. Ich solle auf die Fahrräder aufpassen, legte mir Wilhelm nahe, und mit der gebotenen Aufmerksamkeit und Andacht diesem meinem paläontologischen Wissensstand angemessenen Legendenerzähler lauschen, als der Kleine von einem Heiligen Kornely zu erzählen begann, wette er doch, daß sogar mir dieser Fromme bislang unbekannt geblieben sei. Was aber ihn betreffe, so werde er, ohne länger zu säumen, sich in der näheren und weiteren Umgebung umtun. Die Erklärung des Buben für die Steine fiel kurz und bündig aus: Böse heidnische Soldaten hätten dem Heiligen Kornely nach dem Leben getrachtet. Da habe er sie mit Gottes Hilfe alle in Steine verwandelt, und hier stünden sie nun bis zum Jüngsten Tag. Fast kam es mir vor, als müsse ich ihr Schicksal teilen, da Wilhelm auch nach einigen Stunden noch nicht zurückkam. Als er endlich wieder auftauchte, verkündete er, er sei nach dem eben Gesehenen fest entschlossen, einen kleinen Abstecher ins kantabrische Altamira zu machen. Ich sei herzlich eingeladen, gemeinsam mit ihm dorthin aufzubrechen. Besser sei es wohl, er lasse sich auf eine derart hirnrissige Unternehmung von Don Quijote persönlich begleiten, giftete ich genervt. Ob er denn in Morlaix einen Tresor geknackt habe, ob er sich einbilde, es sei so unproblematisch, nach Spanien einzureisen, und ob er denn, verdammt noch mal, nicht höre, daß der Achter meines Hinterrads von Tag zu Tag vernehmlicher zische, so daß ich schon heilfroh sein müsse, wenn das Fahrrad wenigstens bis Paris durchhalte?

Aus dem Mund eines Poeten höre sich das alles erstaunlich prosaisch an, kommentierte er meine Invektive. Was ihn anbetreffe, so sei er hier und jetzt zum Prähistoriker mutiert. Das könne erklären, warum er tatsächlich für einen Augenblick den Sinn für das uns Mögliche verloren habe. An Spanien führe ihn aber fortan ohnehin kein Weg vorbei. Nichts gegen Zoologen, aber er finde es bei allem, was sich gegen den Homo sapiens vorbringen lasse, doch interessanter, sich mit dessen Vorgeschichte zu beschäftigen, als das Risiko einzugehen, demnächst von einem Doktorvater dazu verdonnert zu werden, seine Jugend mit der Erforschung der Lebensgewohnheiten von Plattwürmern zuzubringen. «Und die Pferde?» wollte ich wissen. Auf die brauche und wolle er nicht verzichten, schon um nicht wie irgendein Schreibtischarchäologe, der vorwiegend in Papieren statt im und unterm Boden herumwühlt, deren Knochen mit denen eines Neandertalers zu verwechseln.

Mit ergriffener Naturbetrachtung sei es für ihn als Wissenschaftler nicht getan, spottete Wilhelm, als er mit mir nach einem gemeinsamen Bad in der Brandung des Atlantiks am Strand von Carnac saß. Ich hatte tatsächlich damit mein Genüge, den vorbeiziehenden Wolken zuzusehen. Er hielt hingegen ständig und voller Unrast nach Muscheln und Krabben Ausschau, las Tang auf, schnupperte an ihm oder beobachtete die zahlreichen Möwen, deren Flugformationen er zu begreifen versuchte. Er erklärte mir, wie Lebensgewohnheiten von Tieren durch die Nähe des Menschen mitbestimmt wurden, auch wenn sie nicht von ihm unterworfen worden waren. Ob er auf die Domestikation anspiele, fragte ich, um ihm zu zeigen, daß ich nicht ganz von gestern war. Genau das tue er, auch um mir entgegenzukommen. Schließlich habe ja auch die Fähigkeit der Dichter, unabhängig von jahreszeitlichen Gegebenheiten ihre Liebeslieder zu verfassen, damit zu tun. Er werde aber hoffentlich zugeben, daß ein verliebter Poet einem Hirschen bei der Balz durch das Niveau seiner Darbietung haushoch überlegen sei. Der eine verfüge schließlich über die ganze Skala metrischer Vers- und Strophenformen, während der andere außer seinem brünstigen Röhren nichts vorzubringen habe. Er möge daher gefälligst zur Kenntnis nehmen, daß bei uns Philologen schlichte und monotone Balzlaute nicht genügten, um die Aufmerksamkeit eines Mädchens zu wecken. Es gelte, für jede Tages- und Jahreszeit gerüstet zu sein. Da reiche es nicht aus, sich mit auftrumpfendem oder bedrohlichem Imponiergehabe in Szene zu setzen, komme es doch stets darauf an, schnell zu kapieren, ob es angezeigt sei, mit Eichendorff oder mit Rilke aufzuwarten, falls die Natur gerade die richtige Staffage liefere. Wenn es zum Beispiel gelungen sei, ein Mädchen im Herbst zu einem Spaziergang ins Freie zu überreden, und sie dann beim ersten vor ihr niederfallenden welken Blatt träumerisch «Herr, es ist Zeit» skandiere, dann sei ein Gespür dafür unerläßlich, ob man bereits beim zweiten Vers «Der Sommer war sehr groß» oder erst beim dritten «Leg deine Schatten auf die Sonnenuhren» aus der Arie ein Duett mache. Nur in seltenen Fällen empfehle es sich nämlich, die Rezitation bis zum Ende einfach als stummer Zeuge anzuhören. Ob es vielleicht damit zu tun habe, daß Philologen so erschöpft von ihren Wanderungen zurückkämen, höhnte Wilhelm. Er nenne das ständigen Examensdruck. Da lobe er seine Kommilitoninnen von der Naturwissenschaft, die sich schon darüber freuten, wenn man ihnen bei der Suche nach Plankton im Schönbuch weiterhelfe. Unter diesen und ähnlichen Gesprächen radelten wir bei stets kräftigem Rückenwind der französischen Hauptstadt zu.

Tübingen II

Zu den zahlreichen germanistischen Dozenten, bei denen ich in Tübingen Vorlesungen und Seminare besuchte, gehörte auch Friedrich Sengle. Er hatte 1949 eine umfangreiche und von seinen akademischen Lehrern Paul Kluckhohn und Hermann Schneider betreute und begutachtete Biographie über Christoph Martin Wieland als Habilitationsschrift eingereicht und veröffentlicht. Irgendwie fühlte ich mich dadurch persönlich berührt. Schließlich war der Dichter, um den es hier ging, in Oberholzheim, nicht allzuweit von Erolzheim, geboren, in Biberach an der Riß aufgewachsen, hatte dort durch seine Übersetzung die erste deutschsprachige Shakespeare-Aufführung ermöglicht, in einigen Kilometern Entfernung bei Graf Stadion auf Schloß Warthausen verkehrt, dann allerdings sein Leben geehrt und angesehen in Weimar beschlossen. Wen konnte es schon verwundern, daß er nicht in seiner Heimat geblieben war: «Der Schiller und der Hegel, / Der Uhland und der Hauff, / Das ist bei uns die Regel, / Fällt weiter gar nicht auf». Wie sehr dieser oft gehörte, vielleicht etwas hochnäsige Spruch den Nagel auf den Kopf traf und wie schwer es war, sich im eigenen Land Gehör zu verschaffen, das merkte man schon daran, daß Wieland nicht einmal in dem Vierzeiler Platz gefunden hatte. Wahrscheinlich nur, weil es eben einfach zu viele berühmte Schwaben gab, die Anspruch darauf gehabt hätten. Aber so konnte einem der Zufall böse mitspielen. Ohne Wielands Werke näher zu kennen, machte mir aber all das, was ich über den Dichter in Erfahrung gebracht hatte, diesen sympathisch. Ein Pfarrerssohn, der pietistische Strenge und Schwärmerei zugunsten rokokohafter Leichtigkeit und Grazie aufgibt, das konnte sich sehen lassen. Das war ein nachahmenswertes Beispiel.

Als Sengle ein Seminar über deutsche Balladendichtung des 19. Jahrhunderts ankündigte, meldete ich mich an. Ich entschied mich bei dem mit ihm geführten Gespräch für ein Referat über Heines Gedicht «Der Tannhäuser»; handelte es sich doch um die mir seit meiner Lektüre von Eichendorffs «Marmorbild», aber auch seit meiner Kindheit aus Beichtspiegel und Gewissenserforschung wohlvertraute Thematik von Verführung und Verführbarkeit. In Heines ironischer Darstellung kann sie freilich keine Lösung und Absolution mehr finden, wie Papst Urban dem der Liebesgöttin aus ihrer Grotte entlaufenen, nach Rom gepilgerten und um Vergebung seiner Sünden bittenden Minnesänger eröffnet:

> Der Teufel, den man Venus nennt,
> Er ist der Schlimmste von allen:
> Erretten kann ich dich nimmermehr
> Aus seinen schönen Krallen.
>
> Mit deiner Seele mußt du jetzt
> Des Fleisches Lust bezahlen,
> Du bist verworfen, du bist verdammt
> Zu ewigen Höllenqualen.

In den Ferien zwischen Winter- und Sommersemester 1951 begleitete ich meine Mutter, die seit einiger Zeit an quälenden, sich zusehends verschlimmernden Schmerzen litt, ins Krankenhaus nach Ochsenhausen. Der seit einiger Zeit in Erolzheim praktizierende junge Dr. Bühler hatte mit dem dortigen Internisten Dr. Omonsky einen Termin vereinbart, zu dem wir recht unpünktlich eintrafen, weil der Holzvergaser des von uns bestellten Taxifahrers Schwierigkeiten machte. Der Arzt war über die Verspätung zunächst ungehalten, beruhigte sich dann aber bald, als er die angespannte Nervosität und den Zustand der Patientin sah, und ließ es nicht mehr an der notwendigen Aufmerksamkeit und Zuwendung fehlen, sobald er den Ernst des ihm vorliegenden Falls diagnostiziert hatte. Nach einer Reihe von Untersuchungen, in deren Verlauf er auch eine Magensonde eingeführt hatte, eröffnete er der Mutter und mir in einem Gespräch, er müsse noch einige Ergebnisse des Labors abwarten, befürchte aber bereits jetzt, daß ein baldiger stationärer Krankenhausaufenthalt unerläßlich und wohl auch eine daran anschließende Operation unvermeidlich seien.

Die Patientin verstand nur zu gut, was das alles zu bedeuten hatte. Die lange Krankheit und der anschließende Tod ihrer eigenen Mutter waren ihr immer gegenwärtig geblieben. Sie hatte uns auch mehrmals davon erzählt, daß die musikalisch begabte Zitherspielerin selbst das oft von ihr zu Hause gesungene Lied gedichtet und komponiert habe, in dem ein ahnungsloses Kind sich an seine vor Stunden verstorbene Mutter wendet: «Mutter, bist du müde, / Ei, warum schläfst du so lang?». Bilder des Todes, wie sie in derartigen Liedern, in Kindertagen gehörten und aus Kalendern und Zeitschriften vorgelesenen Gedichten und Geschichten anklangen, waren in der Regel Anstöße für rückhaltlos ausgekostete Rührung, nicht Visionen des Grauens. Freilich fehlten in einigen von der Mutter gesungenen Liedern auch zu Herzen gehende Akzente der Selbstanklage nicht: Da gab es zum Beispiel in dem Lied «Vogel, fliegst in d' Welt hinaus» einen Sohn, der von seiner Mutter vergeblich angefleht wird, nicht in die Fremde zu ziehen und sie nicht allein zu lassen, jedoch nicht auf sie hört und schließlich nach seiner Rückkehr in die Heimat von einer wohl aus seinem schuldbewußten Inneren kommenden Stimme an den Friedhof verwiesen wird, wo ihn ein schauriges «Die Reue kommt zu spät» empfängt.

Ich war inzwischen aufgrund meiner literarhistorischen Studien in der Lage, die auf Tränenseligkeit angelegte Mache derartiger Verse und Reimereien zu durchschauen. Zur anklagenden Selbstbezichtigung bestand bei mir keinerlei Anlaß. Schließlich konnte ich guten Gewissens in Tübingen den von meiner Mutter und den Geschwistern ermöglichten Studien nachgehen. Meine Entfernung von der Mutter war in Wirklichkeit inzwischen nicht so sehr geographischer oder affektiver als vielmehr weltanschaulicher Natur, wie ich auch an unseren grundverschiedenen Reaktionen auf die Diagnose des Arztes und dann immer wieder in den folgenden Monaten feststellen konnte. Der von ihr während ihres ganzen Lebens praktizierte Katholizismus bewährte sich gerade jetzt, da ihr unerschütterliches Vertrauen in Gott stets mit der Bereitschaft einherging, sich seinem Willen unterzuordnen. Während ich mich innerlich gegen die Tatsache ihrer schweren Erkrankung auflehnte, verbot sich die Mutter alle Fragen, mit denen sie sich angemaßt hätte, Gott zur Rechenschaft zu ziehen. Ich hütete mich allerdings, mich mit ihr in religiöse Diskussionen einzulassen. Sie hätten ihr nur gezeigt, wie weit ich mich inzwischen von dem nicht zuletzt auch von ihr übermittelten Glauben meiner Kindheit entfernt hatte.

Lehramtskandidaten, zu denen ich mich zunächst zählte, konnten das für sie vom Ministerium vorgeschriebene Philosophikum bereits nach dem sechsten Semester ablegen. Ich hatte mir für diesen Zweck Schopenhauer auserkoren, der mir bei gelegentlichem Herumblättern in seinen Werken wesentlich mehr zugesagt hatte als Kant. Den hatte sich der gründliche und gewissenhafte Herbert Klus vorgenommen. Ich teilte mit ihm seit einigen Monaten ein großes Zimmer in einem ehemaligen Kloster in der Nähe des Bahnhofs in Rottenburg. Was er mir von Kant, dem Philosophen seiner Wahl, zur Kenntnis brachte, schreckte mich ab. Schopenhauer schien mir leichter verständlich, die Lektüre seiner Schriften war nicht wie die des Philosophen aus Königsberg ein, wie mir scheinen wollte, steiniger, kaum zu bewältigender Weg. Der an romanischen Vorbildern geschulte elegante Stil des Philosophen aus Danzig sowie seine in einer bilderreichen, einprägsamen Sprache vorgetragenen Argumentationen bezauberten mich buchstäblich. Im Gegensatz zu Kant erklärte Schopenhauer klipp und klar, was es mit dem «Ding an sich» für eine Bewandtnis hatte. Für ihn war es mit dem Willen identisch. Eine Studentin aus Schwäbisch Gmünd war so freundlich, mir für die Zeit meiner Vorbereitung eine Schopenhauer-Ausgabe aus der Bibliothek ihres Vaters zur Verfügung zu stellen, was meine Entscheidung für den Verfasser von «Die Welt als Wille und Vorstellung» angesichts meiner finanziellen Lage, die mir den Kauf von Büchern nicht erlaubte, zusätzlich motivierte.

Im Sommer 1951 überlebte meine Mutter im Krankenhaus in Ochsenhausen die befürchtete Operation. Sie ertrug die damit verbundenen Schmerzen mit großer Geduld und Fassung. Für mich war ihr Anblick freilich geradezu eine Bestätigung für die Richtigkeit von Schopenhauers pessimistischem Weltbild. Vor diesem Hintergrund bereitete ich mich während der Semesterferien auf die Prüfung in Philosophie vor. Als die Kranke wieder nach Hause entlassen wurde, war ihr Zustand erträglich, und es stellte sich bei ihr vorübergehend sogar die Zuversicht ein, es könne vielleicht doch noch einmal alles gut werden, wie sie ja im Lauf ihres Lebens schon mehrfach gesehen habe. Sie wolle sich freilich, und das solle ich, was auch immer geschehen werde, nie vergessen, ohne Murren in Gottes Willen fügen.

Eines Abends hatte ich vor dem Schlafengehen im Wohnzimmer noch in meiner Schopenhauer-Ausgabe gelesen und dort auf dem Tisch die eben konsultierten Bände liegenlassen. Am nächsten Morgen fand ich, als ich von meiner Schlafkammer herunterkam, die Mutter leichenblaß und mit fiebrigen Augen vor. Ob sie eine schlechte Nacht gehabt habe, fragte ich sie. Ja, das habe sie. Nicht so sehr ihre Schmerzen seien es allerdings gewesen, die sie um den Schlaf gebracht hätten, sondern diese Bücher, in denen sie zu später Stunde noch gelesen habe. Danach habe sie keine Ruhe mehr finden können und sich vorwurfsvoll gefragt, ob es überhaupt recht von ihr gewesen sei, daß sie nichts unversucht gelassen habe, um mir ein Studium meiner Wahl zu ermöglichen. Nicht ohne Entsetzen habe sie gelesen, was Schopenhauer «Über Religion» geschrieben habe. In dem so überschriebenen Abschnitt habe sie in einem der Bände, dessen lateinische oder griechische Überschrift sie nicht verstanden habe, Dinge gelesen, die sie erschreckt hätten. Sie meine wahrscheinlich «Parerga und Paralipomena», klärte ich sie auf, auch damit sie sehen konnte, wie fleißig ich meinen Philosophen bereits studiert hatte. Ja, ob mir denn nicht wie ihr die Haare zu Berge stünden, wenn man in dem Gespräch «Über Religion» lese, daß sich Glauben und Wissen in einem Kopf nicht miteinander vertrügen. Ob ich denn denke, daß sie eine unwissende Frau sei, weil sie um alles in der Welt ihren

Glauben nie und nimmer aufgeben und verleugnen würde? Natürlich nicht, suchte ich sie zu beschwichtigen. Die Professoren der Philosophie verlangten ja von ihren Studenten auch nicht, man müsse all das für bare Münze nehmen, was in den vielen Büchern stehe, die von allen möglichen Denkern seit dem Altertum geschrieben worden seien. Man brauche ihnen nur zu zeigen, daß man alles gründlich durchdacht und richtig begriffen habe. Schließlich sei es ja bei den Philosophen nicht wie bei den Theologen, die alles glauben müßten, was in der Heiligen Schrift, bei den Kirchenvätern und im Katechismus stehe. Meine Mutter beruhigte sich zwar etwas, als sie mich so reden hörte, aber die Sorge um mein Seelenheil war ihr fortan jedesmal ins Gesicht geschrieben, wenn sie mich in einem Band von Schopenhauer lesen sah.

Wilhelm Weischedel, bei dem ich einige Wochen später die Prüfung für das Philosophikum ablegte, konzentrierte im Beisein eines Schulmanns seine Fragen fast ausschließlich auf die mir im Gegensatz zu «Die Welt als Wille und Vorstellung» und den «Parerga und Paralipomena» meiner Aufmerksamkeit kaum für wert befundene Abhandlung «Über die vierfache Wurzel des Satzes vom zureichenden Grunde» und eröffnete mir dann, nachdem ich während der halbstündigen Tortur zunehmend das Gefühl gehabt hatte, ins Bodenlose zu fallen, ich hätte die Prüfung bestanden. Der bis zu diesem Augenblick als bloßer Statist und stummer Zeuge fungierende Ministerialbeauftragte, der mir wohl angesehen hatte, daß ich Genaueres zu wissen wünschte, erläuterte mit eher süffisantem als bedauerndem Lächeln: «Das heißt, mit ‹ausreichend› bestanden.» Weder die Philosophie noch die Schule, dies schien mir die aus dem kläglichen Ergebnis zu ziehende Lehre, schienen großen Wert auf mich zu legen.

Ravensburg, Rottenburg, Biberach

Der beschämende Ausgang meines Philosophieexamens überraschte mich. Wie war es möglich, daß meine Prüfer nicht begriffen hatten, was mir Schopenhauer bedeutete, daß seine, wie mir scheinen wollte, schlüssigen Argumentationen den Glauben meiner Kindheit zertrümmert hatten? Wußten sie, welchen Preis an Gewissensqualen ich bezahlen mußte, um diese Neuorientierung zu bewältigen? Sollte ich mich um die Früchte einer Lektüre bringen lassen, die ich unerschrocken auf mich genommen und auch fortgesetzt hatte, als mir zu schwanen begann, was auf dem Spiel stand: die Aufkündigung meines Gehorsams gegenüber der Kirche, die unerbittlich und unmißverständlich den Anspruch vertrat, die alleinseligmachende Religion zu sein. Gewiß, auch Schopenhauer ließ es nicht an Hochmut fehlen, wenn er vorgab, das Rätsel von Kants «Ding an sich» gelöst zu haben, von seinen rüpelhaften Äußerungen über Frauen ganz zu schweigen. Aber er zwang wenigstens niemanden dazu, seine Thesen als endgültige Offenbarung anzunehmen.

Es war nicht zum erstenmal, daß ich es Zweifeln an mir selbst nicht erlaubte, selbstzerstörerisch zu werden. Ich schloß daher schon bald nicht mehr aus, daß mein scheinbares Versagen bei der Prüfung darauf zurückzuführen war, daß Weischedel die von einem Philosophen zu erwartende und von Sokrates entwickelte Kunst der Mäeutik nicht beherrschte. Sonst wäre er wohl, als ich, nach dem Grund meiner für das Philosophikum getroffenen Wahl befragt, vielleicht etwas allzu wortreich mit Namen aus der deutschen, französischen und amerikanischen

Literatur aufwartete, die Schopenhauers Bedeutung für mein Fach und seinen internationalen Erfolg belegten, näher darauf eingegangen. Alle, die sich nach dem Ausgang des Philosophikums bei mir erkundigten, bekamen es von mir zu hören. Mußte er mich unbedingt mit der für einen Schöngeist meines Kalibers uninteressantesten seiner Schriften, mit «Die vierfache Wurzel des Satzes vom zureichenden Grunde» schikanieren, ennuyieren und kujonieren? Die drei aus dem Französischen übernommenen Fremdwörter waren vorzüglich geeignet, mein Selbstbewußtsein zu stärken. Sollte ich mir vielleicht von einem Philosophen, der, wie ich befand, Zaungäste seiner Disziplin wegen des für sein Fach bekundeten Interesses mit Zartsinn, Nachsicht und einer gewissen Dankbarkeit zu behandeln hatte, mein romanistisches Rückgrat brechen lassen? Warum hatte mich Weischedel nicht nach den französischen Moralisten gefragt, an deren konzisen und messerscharfen Maximen, Reflexionen und Aphorismen Schopenhauer seinen Stil geschult und geschliffen hatte? Wahrscheinlich nur deshalb, weil er solche für einen Literaturwissenschaftler nicht gerade nebensächliche Details kaum zur Kenntnis nahm.

Nachdem ich derart mit mir ins reine gekommen war, begab ich mich eines Vormittags zu der im Bibliotheksgebäude der Universität untergebrachten Schulbehörde des Landes Südwürttemberg-Hohenzollern, um dort nachzufragen, ob und eventuell wann und wie ich mich für eine Assistentenstelle an einem Gymnasium in Frankreich bewerben könne. Die Tatsache, daß der Sachbearbeiter den lustigen Namen Heinzelmann trug, schien mir ein gutes Omen, und tatsächlich sah ich mich bei unserem Gespräch in meinen an ihn geknüpften Erwartungen nicht betrogen. Ich hatte mit keinem ausgetrockneten

Bürokraten zu tun, sondern mit einem Zuversicht und gute Laune um sich verbreitenden Menschen, der mir erklärte, die Chancen, eine Stelle in Frankreich zu erhalten, stünden wahrscheinlich gar nicht schlecht, er müsse aber noch einige Informationen abwarten, ehe er mir Einzelheiten wegen der Formalitäten einer Bewerbung nennen könne. Welches Semester ich denn sei, wollte er wissen. Siebtes. Ob ich vielleicht gar schon das Philosophikum abgelegt hätte? Doch, das hatte ich. Als feinsinniger Mensch fragte er mich nicht nach dem Ergebnis, weil er wohl wußte, wie peinlich es für mich gewesen wäre, damit aufzutrumpfen. «Großartig», befand er. «Das ist zwar noch nicht das Staatsexamen, aber immerhin ist damit ein erster Schritt getan.» Als er sich nach meinen Französischkenntnissen und meinem Wissen über Frankreich erkundigte und ich ihm von der Reise nach Paris und der Tour durch das Land auf dem Fahrrad erzählte, lächelte er beglückt und kam zu dem Ergebnis: «Der Himmel schickt Sie mir. Sie können mir aus einer großen Verlegenheit helfen.» Ich wußte zwar immer noch nicht, was er von mir erwartete, war aber sehr froh, in wenigen Minuten vom Bittsteller zum Retter avanciert zu sein und gerade einem Mann wie ihm entgegenkommen zu können, besonders nachdem er mir näher erklärt hatte, worum es sich handelte: Es gehe darum, eine an der Mädchenoberschule in Ravensburg erkrankte Lehrerin zu vertreten. Selbstverständlich lasse sich dabei auch eine schöne Stange Geld verdienen. Mädchenoberschule. Stange Geld. Das ließ sich anhören. Ich hatte mich ohne lange Bedenkzeit sogleich zu entscheiden, sollte wenige Stunden später nach Oberschwaben fahren und mich schon am nächsten Morgen beim Leiter der dortigen Schule vorstellen. Dieser werde mir meine Aufgaben im einzelnen erläutern und wohl auch bei der Suche nach einem Zimmer behilflich sein. Das sei gar nicht nötig, konnte ich ihn beruhigen, schließlich lebe in Weingarten mein Onkel Franz, der älteste Bruder meiner Mutter, mit seiner Familie in einem geräumigen Haus. Ich sei zuversichtlich, dort Unterkunft und Verpflegung zu finden. Und so war es auch, wie ich erfreut feststellte, als ich bei den Verwandten eintraf.

Der Schulleiter Christ in Ravensburg erschrak ein wenig, als ich ihm eröffnete, daß ich der von seiner vorgesetzten Behörde entsandte Vertreter für die erkrankte Lehrerin sei. Es schien sich bei ihm aber um einen Mann mit Humor und Lebensart zu handeln, wie sein Kommentar zeigte: «Nehmen Sie es mir nicht übel, wenn ich Ihnen sage, daß sich wahrscheinlich meine Schülerinnen über so eine Vertretung eher freuen können als ich.» Wie sehr ich schon nach wenigen Tagen aus einem Studenten zur Respektsperson geworden war, das ging mir auf, als ich, mit der Ledertasche unterm linken Arm, mich mit der rechten Hand an einem der von der Decke des Wagens herunterhängenden Riemen festhaltend, mit der Straßenbahn von Ravensburg nach Weingarten fuhr und sich ein mit mir fast gleichaltriges Mädchen von seinem Sitzplatz erhob, um mir diesen anzubieten. Ich stellte erschrocken fest, daß es sich bei der Hübschen um eine Gymnasiastin handelte, die ich zwei Stunden vorher unterrichtet hatte, und winkte lachend ab. Sie errötete. Ich wurde verlegen. Wie leicht zu sehen war, handelte es sich bei mir ja um keinen von jenen noch kurz vor Kriegsende eingezogenen Unglücklichen, die bei letzten Feuergefechten oder Tiefliegerangriffen ein Bein oder einen Fuß verloren hatten. Einige Fahrgäste wunderten sich, andere amüsierten sich über die kleine Szene, die ich nur damit beenden konnte, indem ich mich, nun selber errötend, schließlich setzte.

Als ich meine pädagogischen Lehrjahre in Ravensburg antrat, war die Krankheit meiner Mutter bereits in ihre Endphase getreten, ohne daß sie dadurch in irgendeiner Weise die Fähigkeit zu klarem Denken eingebüßt hätte. Es sei ihr eine große Erleichterung, daß sie sich um mein berufliches Fortkommen nun wohl keine Sorgen mehr zu machen brauche und sich daher mit der von einer Christin zu erwartenden Ergebung auf ihr Ende vorbereiten könne, das sie nahen fühle, sagte sie mir, als ich wenige Tage vor ihrem Tod zu einem Wochenendbesuch zu Hause eintraf. In den Andachts- und Erbauungsbüchern, die wir besaßen, fehlte es nicht an Gebeten um einen guten Tod. Sie waren für meine Mutter gewiß sehr hilfreich, um Sterben und Todeskampf ohne Panik und Auflehnung gegen Gottes unerforschlichen Ratschluß zu bestehen. Pfarrer Flaig, der den aus Altersgründen in den Ruhestand versetzten Pfarrer Angele abgelöst hatte, sprach ihr bei seinen regelmäßigen Besuchen Mut zu, und Schwester Gutberta kam immer mit einem eher frohen als frommen Lächeln zur Krankenpflege, auch wenn sie bereits lange Stunden einer Nachtwache bei einer anderen Sterbenden hinter sich hatte. Trotz aller Schmerzen war es für die Mutter beglückend, sich von ihren Kindern betreut und von Vertretern der Kirche umsorgt zu sehen. Ihre früher gelegentlich durch das Witwentum gesteigerten Ängste, den an sie als alleinstehende Frau gestellten Anforderungen nicht ganz gerecht werden zu können, schienen verflogen. Ihr unerschütterliches Gottvertrauen bewahrte sie zuverlässig davor, am Ende ihres Lebens ins Bodenlose zu fallen. Die seit ihrer Kindheit geübte Gebetspraxis hatte die Wahrheiten ihres Glaubens so sehr verinnerlicht, daß sie wohl nicht nur bestürzt, sondern auch fassungslos gewesen wäre, wenn sie geahnt hätte, wie wenig sie mir inzwischen bedeuteten. Als ich am 2. März mit meinen Geschwistern am Sterbebett der Mutter stand, wußte ich, daß wenigstens für mich dieser Tod nicht nur ihr Ende, sondern auch jenes der Welt bedeutete, in der ich groß geworden war.

Der Schulleiter der Ravensburger Mädchenoberschule hatte mir für meine Bewerbung nach Frankreich ein Zeugnis ausgestellt, in dem er rühmte, ich hätte die mir wegen meiner Jugend nicht anzulastende fehlende didaktische Erfahrung durch natürliches pädagogisches Geschick wettzumachen verstanden. Das ließ sich anhören und erfreute mich schon deshalb, weil ich in jenen Jahren Genialisches in jeder Form weit höher einschätzte als das durch Fleiß und Ausdauer mühsam Errungene. Ob ich denn Lust hätte, nach der Ravensburger Vertretung eine am Progymnasium in Rottenburg zu übernehmen, fragte mich Heinzelmann, als ich wegen meiner Bewerbung um eine Assistentenstelle wieder bei ihm vorstellig wurde. Doch, das hatte ich. Geschmäcklerische Vorbehalte wären fehl am Platz gewesen, wußte ich doch nur zu gut, wie es nach dem Tod der Mutter um unsere finanzielle Lage zu Hause bestellt war. Gegen Rottenburg war ohnehin nichts einzuwenden. Ich wohnte nun schon seit Jahren dort. Von dem mir seit meiner Zimmersuche bekannten Schulleiter Walzel hatte ich wohl kaum etwas zu befürchten.

Als ich bei meiner ersten Unterrichtsstunde nach kurzer Vorstellung und Begrüßung zur Sache kommen wollte, meldete sich ein Schüler zu Wort und fragte, warum ich nicht zuallererst mit ihnen gemeinsam gebetet hätte. Ich war überrascht. Meine Ravensburger Mädchen hatten nichts dergleichen eingefordert. Aber schließlich waren wir hier an unserem Progymnasium nur wenige hundert Meter vom Bischöflichen Ordinariat entfernt.

Ob es in der Klasse denn für die Morgenandacht einen Vorbeter gebe, suchte ich also schleunigst zu klären. Doch, den gab es. Es handelte sich dabei um den Frager selbst, wie dieser leicht gekränkt, weil ich dies immer noch nicht begriffen zu haben schien, hervorhob. Die Klasse bestätigte. Da solle er wie üblich seines Amtes walten, ermunterte ich ihn. In den anderen Klassen kam ich, inzwischen vorgewarnt, den Reklamationen der Vorbeter (Mädchen schienen nicht damit beauftragt gewesen zu sein) durch ihre rechtzeitige Identifizierung zuvor.

Wilhelm Schüle traf ich seit unserer gemeinsamen Frankreichreise nicht nur, wenn es der Zufall wollte, gelegentlich in der Stadt, in der neuen Aula oder am Romanischen Seminar, wo er bei der spanischen Lektorin Sprachkurse belegt hatte. Regelmäßig suchte ich ihn auch in seinem Zimmer in Lustnau auf. Zu Beginn des Sommersemesters 1952 verkündete er mir eines Tages, er wäre ein schlechter Freund, falls er mir länger seinen zoologischen Kommilitonen Rudolf Reinboth aus Sangerhausen in Thüringen vorenthalten würde. Gewiß werde es sich der von unserem eventuellen Kommen bereits Unterrichtete zur Ehre anrechnen, uns einen Pfefferminztee aufgießen zu dürfen. Er selbst habe, fürsorglich, wie er nun einmal sei, bereits Brötchen eingekauft. Einen Aufstrich werde mit größter Wahrscheinlichkeit der Gastgeber beisteuern, da er von seinen Eltern, wenn irgend möglich, mit Lebensmitteln aus der Heimat versorgt werde. Denen breche das Herz, wenn sie an ihren in der Ferne weilenden jüngsten Sohn dächten. Rudolf habe sie zu ihrem Kummer nach dem Abitur als Achtzehnjähriger verlassen, um im Westen zu studieren, da es ihm als Sprößling einer nicht unvermögenden Familie wohl nie vergönnt worden wäre, in Walter Ulbrichts Arbeiter- und Bauernstaat irgendwo einen Studienplatz zu ergattern. Dabei würde der gerade ihm doch mehr als jedem anderen zustehen, wie ich mich gleich selbst überzeugen könne, denn der Republikflüchtling rede bereits jetzt wie ein Professor daher und glaube stets, es sich und den anderen schuldig zu sein, mit seiner Meinung nie duckmäuserisch hinterm Berg zu halten, sollte er auch Hals und Kragen dabei riskieren. Das nehme fraglos für ihn ein. Sein äußerst fragiler Knochenbau müßte ihm nämlich nahelegen (er habe bereits vierzehn Frakturen hinter sich), sich aus allen Streithändeln herauszuhalten. Schon wegen seiner guten Kinderstube verachte er natürlich handgreifliche Tätlichkeiten jeder Art. Vorwiegend deshalb, nicht weil er meistens irgendwo vergipst sei, begnüge er sich damit, Auseinandersetzungen mit der Zunge auszutragen, ein Organ, bei dem seine Freunde wenigstens keine Knochenbrüche des streitbaren Diskussionspartners zu befürchten bräuchten.

Rudolf wohnte in einem Souterrain nicht weit von Neckar und Neckarbrücke und begrüßte uns nicht ohne zeremonielle Feierlichkeit. Daß wir uns siezten und uns gegenseitig mit Herr anredeten, war damals unter Studenten üblich. Er gab aufs artigste seiner Freude darüber Ausdruck, mir, der ihm aus Wilhelms Erzählungen längst vertraut sei, nun endlich von Angesicht zu Angesicht gegenüberzustehen. Wilhelm unterbrach die Suada des Wortreichen etwas unwirsch: Ob er es denn vor seinem Gewissen verantworten könne, die hier vor ihm stehenden hungernden und dürstenden Vollwaisen noch länger darben zu lassen und lediglich mit rhetorischen Floskeln abzuspeisen? Nein, das wolle er nicht, besänftigte Rudolf den Freund, lief in die nahegelegene Waschküche, machte sich dort zu schaffen und kam freudestrahlend mit einer ansehnlichen Wurst wieder, die, wie er gerührt erklärte, gestern auf dem Postweg hier eingetroffen sei. Rudolf erzählte bei dem anschließenden Gespräch von seinen zum Teil waghalsigen Gängen über die Zonengrenze über verschneite Berge oder sumpfige Wiesen, von bestochenen russischen Wachposten und gelegentlichen Verhaftungen durch deren deutsche Verbündete, von der langwierigen Suche nach einem Studienplatz, den er schließlich im Sommer 1948 in Tübingen gefunden habe. Mutterseelenallein, Rotz und Wasser heulend, habe er in der «Herberge zur Heimat» genächtigt, erinnerte er sich. Er kenne die Geschichte bereits in mehreren Versionen, fiel ihm Wilhelm ins Wort, für einen empfindsamen Literaten wie mich seien die Leiden des jungen Reinboth vielleicht aber nicht ohne Interesse. Er solle sie mir daher getrost später privatissime zu Gehör bringen. Ihn interessiere im Augenblick Aktuelleres. Er wolle wissen, wie es seinen Fischen ergehe. Ich war desorientiert, fühlte mich ausgeschlossen. Außer der Tatsache, daß ich selber im Zeichen der Fische geboren sei, protestierte ich, seien mir diese Tiere recht fremd, und ich erbäte daher nähere Aufschlüsse. Immerhin sei dies dann eine uns verbindende gemeinsame Komponente, lachte Rudolf, er sei nämlich am 26. Februar 1929 geboren. Also nur einen Tag jünger als ich, stellte ich fest. Ich solle mir dieses Erstgeburtsrecht um Himmels willen nicht um ein Linsengericht und nicht einmal um eine thüringische Wurst verscherzen, legte mir Wilhelm nahe. Aber was es denn mit Rudolfs Fischen für eine Bewandtnis habe, wollte ich nun doch wissen. Es handle sich um Exemplare der Spezies Haplochromis multicolor, einen maulbrütenden, in tropischen Gewässern lebenden Knochenfisch, den er mir gerne im Aquarium vorführen wolle, erklärte mir der Ichthyologe: Er hoffe nämlich bei dem Tübinger Verhaltensforscher Hans Peters über ihn promovieren zu können.

Ein Fisch sei als Forschungsobjekt nicht zu verachten, vor allem wenn es sich um einen Zoologen wie Rudolf handle, kommentierte Wilhelm. Wegen seiner Konstitution könne man ihm tatsächlich mit gutem Gewissen kaum dazu raten, sich mit der Megafauna afrikanischer Savannen zu beschäftigen. Aber auch kleinere Tiere, deren Lebensraum nicht das Aquarium sei, kämen für den Sensiblen kaum in Frage, wie sich gezeigt habe, als Peters Rudolf für Spinnen zu begeistern versucht habe, nicht ahnend, daß sein Doktorand bereits durch einen Weberknecht, der sich auf einer der vier Wände seines Zimmers niedergelassen habe, am Einschlafen gehindert werde und außer Rand und Band gerate, wenn er auch nur vermute, daß sich eine im Dämmerlicht gesichtete Kreuzspinne unter seinem Bett verkrochen habe.

Trotz meiner fehlenden naturwissenschaftlichen Begabung fühlte ich mich zu den Vertretern dieser Fachrichtung hingezogen. Falls sie ungeduldig auf von mir geäußerte unfertige Gedanken reagierten, war es mir nur recht. Da ich keinerlei Ehrgeiz hatte, mit ihnen in Wettstreit zu treten, hatte ich nichts dagegen, wenn sie mich an die Kandare nahmen. Unvergorene Aussagen brachten insbesondere Rudolf in Harnisch. Unkenntnis verschlug dem Alleswisser buchstäblich den Atem. Ich stellte mich nicht ungern als Objekt seines stets auf dem Sprung befindlichen didaktischen Eifers zur Verfügung. Einmal provozierte ich ihn, als ich, aus welchem Anlaß auch immer, vor einer bei ihm zusammengekommenen versammelten Runde von Freunden «Immer muß ich an die Pharaonenwälder denken» aus Else Lasker-Schülers Gedicht «Ich kann die Sprache dieses kühlen Landes nicht» zitierte. Ob ich mir unter Pharaonenwäldern etwas vorstellen könne, fragte Rudolf irritiert. Er als Biologe habe damit seine liebe Not. Ob er die klangliche Schönheit des Verses nicht zu schätzen vermöge. In der Poesie gehe es eben nicht in jedem Fall vorwiegend um wissenschaftliche Präzision und genaue Sachverhalte, erwiderte ich, weil ich wegen einigen mitanwesenden Mädchen nicht klein beigeben wollte. Um so schlimmer für die Dichtung, meinte er.

Einmal fragte mich der vielseitig informierte und nahezu auf allen Gebieten beschlagene Rudolf, ob ich mit dem Namen Freud einen näheren Begriff verbinde oder gar so grundlegende Werke wie «Die Traumdeutung» und «Zur Psychopathologie des Alltagslebens», die er gerade mit größtem Interesse und Vergnügen lese, schon einmal in der Hand gehabt hätte. Wie sollte ich? Wer hätte mich schon darauf aufmerksam machen oder gar zu ihrer Lektüre verhelfen sollen? Dann wolle er mir gleich ein paar Kostproben vorlesen, denn eigentlich sei es eine Schande, daß mir als Philologe ein Mann unbekannt geblieben sei, dem man schließlich auch einige höchst originelle Deutungen literarischer Werke und die Abhandlung «Der Witz und seine Beziehung zum Unbewußten» verdanke. Von meinen akademischen Lehrern hätte ich seinen Namen noch nie vernommen, verteidigte ich mich. Ihn wundere das überhaupt nicht, erwiderte Rudolf. Als jüdischer Emigrant sei dieser Schöpfer einer neuen Wissenschaft dem einen oder anderen unter ihnen wohl immer noch nicht ganz geheuer. Wohl gar nicht zu Unrecht, weil man mit Hilfe der Psychoanalyse Licht in das beängstigende Dunkel ihres Innern bringen könne. An Freud führe aber kein Weg vorbei, konstatierte Rudolf kategorisch. Ob er nicht denke, daß ein so bedeutender Mann meinem dürftig ausgestatteten wissenschaftlichen Verstand unzugänglich bleiben müsse, weil seine Schriften für mich zu kompliziert seien, wandte ich ein. Davon könne überhaupt keine Rede sein, machte mir Rudolf Mut. Sogar ich könne seine bestechend klaren Argumentationen wohl bald begreifen und auf der Grundlage seines aus den drei Komponenten Es, Ich und Über-Ich bestehenden Persönlichkeitsmodells auch meine eigenen seelischen Reaktionen, zum Beispiel die Entstehung von Träumen und die Ursachen von Fehlleistungen, richtig deuten.

Rudolf freute sich, als er feststellte, daß er in mir einen zwar unbedarften, aber die neue Lehre gierig aufsaugenden Adepten gefunden hatte, um so mehr da Wilhelm eher auf Distanz zu ihr gegangen war. Dabei habe er es nicht daran fehlen lassen, auf die Ähnlichkeiten zwischen Vorgeschichte beziehungsweise Archäologie und Psychoanalyse hinzuweisen und deren vergleichbares methodisches Vorgehen, wie ihm scheinen wolle, einleuchtend herausgestellt: Wenn der Prähistoriker aus einzelnen freigelegten Knochen Rückschlüsse auf das ihnen zuzuordnende Skelett ziehe oder der Archäologe aus wenigen ausgegrabenen und lange verschütteten Säulenresten einen antiken Tempel rekonstruiere, so bringe der Psychoanalytiker über verdrängte Erinnerungen, über Träume und Fehlleistungen die Ursachen von Neurosen ans Licht. In geradezu kränkender Weise habe ihm aber Wilhelm viel Erfolg mit und in der neuen Disziplin gewünscht und gemeint, er halte es lieber mit seinen in mühsamer Arbeit und nach tagelangem Buddeln aufgedeckten tastbaren Funden als mit der Höhlenforschung der Seelenkundler, die dann am Ende doch nichts mit Händen Greifbares vorweisen könnten.

Der Sommer 1952 muß, wie Meteorologen wohl bestätigen könnten, einer der heißesten seit langem gewesen sein. Wochenlang flimmerte und brütete eine außergewöhnliche Hitze über dem Neckartal. Die Schüler hatten kaum noch einen anderen Gedanken, als den an die sicher nicht mehr lange zu erwartende und von der Schulglocke verkündete Mitteilung, der Rest der Unterrichtsstunden falle wegen zu großer Hitze aus. Die zumutbare Grenze der Temperatur war 25 Grad Celsius im Schatten, eine Temperatur, die Walzel, von den Schülern bedrängt, manchmal auch dadurch erreichte, daß er in der Nähe des Thermometers wiederholt seine Pfeife stopfte und mit einem brennenden und mehrmals hin und her geschwenkten Streichholz entzündete. Mir konnte es nur recht sein, wenn ich dann ebenfalls aus der Schule in meine Studentenbude eilen, die während meiner Unterrichtsstunden getragene lange Hose mit einer kurzen vertauschen und noch mit dem letzten von Horb her kommenden Vormittagszug nach Tübingen fahren konnte. Das erlaubte mir vielleicht noch, an die Texte für das von Kurt Wais, dem komparatistisch ausgerichteten Romanisten, veranstaltete Seminar über europäische Literaturkritik heranzukommen. Sie waren von ihm in der Münzgasse in einem Semesterapparat zusammengestellt und mußten von allen, zum Glück nicht sehr zahlreichen Teilnehmern gelesen werden. Da der Professor unbedingt ein Thema über Giordano Brunos mit ihrem aus dem Rahmen des damals üblichen Literaturverständnisses fallenden «Eroici furori» zu vergeben wünschte, hatte ich es übernommen, obwohl meine bei einem neapolitanischen Lektor und dem brillanten Mario Wandruska erworbenen Italienischkenntnisse eher dürftig und Zitate bei den zu haltenden Referaten in den jeweiligen Originalsprachen zu verlesen waren. Immerhin wußte ich, daß Giordano Bruno 1600 auf Betreiben der Heiligen Inquisition in Rom verbrannt worden war. Ich wollte das Referat zum Anlaß nehmen, um die näheren Umstände dieses Skandals der Kirchengeschichte zu ergründen. Und schließlich konnte ein Mann, der Inspiration über pedantischen Gelehrtenkram stellte, auf mein Interesse zählen. Ich wußte nur noch nicht so recht, wie es mir zeitlich gelingen sollte, mein Referat rechtzeitig fertigzustellen, was mich um so mehr beunruhigte, da ich bei Kurt Wais bereits wegen eines Dissertationsthemas vorstellig geworden war.

Diese Überlegungen nahmen mich jedoch nicht derart in Anspruch, daß ich das Mädchen übersehen hätte, das, etwas angespannt und desorientiert mit zwei Koffern aus dem vorderen Waggon des Zugs steigend, wahrscheinlich nach einem Gepäckträger Ausschau hielt. Oder erwartete sie vielleicht einen Bekannten? Der hätte sie jedoch auf dem leicht überschaubaren Bahnsteig bestimmt schon längst ausgemacht. Falls sie einen Gepäckträger suchte, war sie mit falschen Vorstellungen nach Tübingen gekommen. Schließlich waren wir hier nicht auf der Gare de l'Est. Eine Französin mußte es wohl sein. Daß sie keine Hiesige war, das sah man ihr an. Wozu studierte ich Romanistik? Hier war Solidarität gefordert, die ich ohne Zögern bekundete, indem ich mich erbötig zeigte, die beiden Koffer durch die Unterführung bis zum Bahnhofsausgang zu tragen. Schon bei dem ersten Gesprächskontakt erfuhr ich freilich, daß es sich um keine Pariserin, sondern um eine Mailänderin handelte. Hatte ich vielleicht etwas gegen Mailänderinnen? Keineswegs. Wegen einer derartigen Kleinigkeit durfte ich doch den Elan, mit dem ich mich auf die Fremde gestürzt hatte, nicht verpuffen lassen, zumal sich, wie ich inzwischen festgestellt hatte, Mailänderinnen neben Pariserinnen durchaus sehen lassen konnten. Sie sprach ein verständliches, allerdings korrekturbedürftiges Deutsch. Die babylonische Sprachverwirrung, wollte mir scheinen, wenn ich sie anschaute, hatte doch auch ihr Gutes. Nie und nimmer wäre sie sonst nach Tübingen gekommen, um hier, wie sie mir erzählte, einen Ferienkurs zu besuchen und ihre Sprachkenntnisse zu vervollständigen. Im Leibniz-Kolleg oder Leibniz-Haus habe sie, wie ihr mitgeteilt worden sei, ein Unterkommen gefunden, sie studiere nämlich Germanistik. Inzwischen hatte ich ihr längst versichert, es mache mir nichts aus, sie wohin auch immer zu begleiten. Sie hatte keinen ernsthaften Versuch unternommen, mich abzuschütteln. Wir waren daher bereits auf der Neckarbrücke angekommen und hatten uns gegenseitig unseren Vor- und Familiennamen geoffenbart. Der ihre, Carla Gronda, hörte sich wegen der dunklen Vokale und der beiden rollenden R sehr imponierend an. Als sie jedoch meinen Namen wiederholte, war von dem H bei Hans und Hösle nichts zu hören. Ich gab mich versiert und kosmopolitisch: Auch mein französischer Freund Pierre hätte damit immer noch seine liebe Not, Leuten aus romanischen Ländern sei es eben nicht leicht verständlich zu machen, daß das H nicht nur geschrieben, sondern auch ausgesprochen werden müsse. Wenn sie einverstanden sei, würde ich, sobald sie sich von ihrer Reise erholt habe, gerne mit ihr die erforderlichen Hauch- und Schnaufübungen exerzieren. Ich hatte vergessen, daß sie wahrscheinlich bei weitem nicht alles, was ich ohne Unterlaß drauflosredete, verstehen konnte. Meine Nervosität hatte außer der aufregenden neuen Bekanntschaft auch einen das Peinliche streifenden Grund. Denn zu meinem Ärger stellte ich fest, als ich die Koffer für einen Augenblick abstellte, daß über den Knien aus meiner inzwischen recht abgetragenen, vor mehreren Jahren vom Schneider Dietrich in Erolzheim aus der Hinterlassenschaft des Ulmer Onkels angefertigten kurzen Hose die Unterwäsche herausblitzte. Die Italienerin versuchte gerade, auf meine Frage, ob der Name Gronda etwas bedeutete, die ihr unbekannte lexikalische deutsche Entsprechung durch lebhafte Hinweise auf Tübingens Dächer bildlich zu erklären. Es dauerte eine Weile, bis ich begriffen hatte, daß sie die Dachrinnen meinte. Ich hoffte, daß ihr meine Verlegenheit entgangen sei und sie mich nicht nach der Bedeutung des meinen frage, was sie wahrscheinlich aus Müdigkeit unterließ. Mit der Zuversicht, sie merke von allem nichts, stellte ich die Koffer abermals auf die Straße, zog die vermaledeite Unterhose, deren Gummiband wohl geplatzt sein mußte, energisch hoch und stopfte ihren oberen, zum Wulst zusammengerollten Rand blitzschnell unter den Ledergürtel. Lange Zeit verging freilich nicht, bevor ich die Prozedur von Hochziehen und Hineinstopfen wiederholen mußte. Bei dem Anstieg zum Leibniz-Haus auf dem Österberg redete ich daher trotz der unerträglichen Hitze immer hastiger drauflos, um meine Verlegenheit loszuwerden. Im Leibniz-Haus stellte sich dann nach einem Telephonanruf freilich heraus, daß die Ferienkursteilnehmerin in Wirklichkeit im Leibniz-Kolleg erwartet wurde und ich daher mit ihr über eine mir wohlvertraute vielstufige Treppe wieder in die Stadt hinabsteigen mußte. Da ich inzwischen außer A auch B gesagt hatte, kam es mir nun nicht mehr darauf an, nötigenfalls das ganze Alphabet bis zum Z durchzubuchstabieren. Als wir uns endlich trennten, kamen wir überein, daß sie sich bei den noch zu findenden nächsten Gelegenheiten und künftigen Begegnungen um die Aussprache der für mein Referat über die «Eroici furori» ausgewählten Zitate, ich mich aber um ihre bislang kaum vernehmbaren Hauchlaute kümmern würde.

Das Schulamt beauftragte mich nach den Sommerferien 1952 für einige Wochen mit einer Vertretung in Biberach. Dort brauchte ich mich wenigstens um keine Wohnung zu kümmern, da die Kreisstadt von Erolzheim aus mit dem Postbus zu erreichen war. Auch gegen diese neue Tätigkeit war im Prinzip nichts einzuwenden. Aber was scherte mich Biberach, wo ich doch nach Frankreich wollte? Sollte ich mich vielleicht bis zum Staatsexamen und schließlicher Verbeamtung im Lande hin und her schicken lassen? Das Ende vom Lied war dann, daß ich mich, falls ich nicht wie ein Luchs aufpaßte, in einer schwachen Stunde verlobte und eines Tages irgendwo auf der Schwäbischen Alb auf das Standesamt geschleppt und zum Traualtar geschleift wurde, auch wenn ich mich mit Händen und Füßen dagegen wehrte. Dann fehlte nur noch der von den künftigen Schwiegereltern, die eine Einliegerwohnung erhalten sollten, mitfinanzierte Bausparvertrag mit fünfundzwanzigjähriger Laufzeit, sobald der Grundstein für das Häusle und Gärtle gelegt war. Das konnte ja lustig werden!

Ein Ministerialbeamter, der durch die Gymnasien Oberschwabens reiste, um sich ein Bild von den Lehrern zu machen, gab mir den entscheidenden Anstoß, alle Brücken, die zu diesem Beruf hinführten, abzubrechen. Wenige Tage bevor er in Biberach auftauchte, hatte ich zu meiner Freude endlich die Mitteilung erhalten, daß mir eine Assistentenstelle am Lycée Fontanes in Niort (Deux-Sèvres) zugeteilt worden sei. Ich mußte mich zunächst einmal mit Hilfe meines Atlasses kundig machen, wo sich dieser Ort überhaupt befand. Um so besser! Wollte ich nicht aus dem Allzuvertrauten ausbrechen? Suchte ich nicht einen neuen Horizont? Wollte ich mich nicht dem Unbekannten stellen oder dies, wenn nötig, auch aufsuchen? Hätte es sich bei dem Ministerialbeamten aus Tübingen um einen Menschen wie Heinzelmann gehandelt, der im Handumdrehen begriffen hatte, daß er, ob es ihm paßte oder nicht, mit mir vorliebnehmen mußte, daraus keinen Hehl machte und mit mir wie seinesgleichen redete, als ich in sein Büro hineingeschneit kam, hätte ich kaum den gordischen Knoten ständigen Abwägens der Vor- und Nachteile einer schulischen Lebenszeitstellung nach glücklich bestandenem ersten und zweiten Staatsexamen so resolut durchhauen können, wie ich es als Ergebnis seiner Visitation meines Unterrichts tat. Ohnehin war ich durch die Biberacher Vertretung aufgebracht, weil ich außer den von mir studierten Fächern auch Mathematik und Geographie unterrichten mußte. Glaubten die vielleicht, ich sei ein Universalgenie? Und jetzt sollte ich auch noch das große Einmaleins einpauken, das ich genausowenig konnte wie meine Schüler. Der Ministerialbeamte war ein Wanderzensor, der über die pädagogischen Fähigkeiten der einzelnen Lehrer an den oberschwäbischen Gymnasien zu befinden und zu gutachten hatte. Aber was hatte er bei mir zu suchen? War ich vielleicht Referendar, Assessor oder sonst jemand, der bereits eine Laufbahn angetreten hatte? Auf einmal schlich er nach kaum vernehmlichem Klopfen herein, setzte sich in eine der letzten Bänke und fing an, zu allem, was ich sagte, auf mitgebrachten Zetteln wichtigtuerisch und humorlos eifrig Notizen zu machen. Warum hatte er sich mir und der Klasse, wie unter gesitteten Menschen üblich, nicht zuerst einmal vorgestellt? Was sollten die Geheimniskrämerei und Schnüffelei bedeuten?

Nach dem Unterricht fing er, sobald sich die Schüler aus dem Klassenzimmer in Richtung Pausenhof verzogen hatten, zunächst einmal an aufzuzählen, was ich alles falsch gemacht hatte. Er tadelte vor allem, daß ich meinen Lehrstoff viel zu locker ausgebreitet hätte, so als könne jeder nach persönlichem Gusto ein wenig davon naschen. Er wunderte sich, als ich ihm plötzlich ins Wort fiel. Damit hatte er nicht gerechnet. Alles, was er sage, gehe mich kaum etwas an, erwiderte ich. Er sei wohl von der Schulleitung nicht informiert worden, daß ich hier wegen des Mangels an kompetenteren Vertretungen nur zu einem kurzen Gastspiel anwesend und eigentlich bereits auf dem Weg nach Frankreich sei, um dort eine Assistentenstelle zu übernehmen und Material für meine Dissertation zu sammeln. Im übrigen hätte ich keinerlei Ehrgeiz, ein Staatsexamen abzulegen und in den Schuldienst zu treten. Jetzt war es heraus, was nicht nur er, sondern auch ich bis zu diesem Augenblick gar nicht in dieser unmißverständlichen Eindeutigkeit gewußt hatten. Es war ein befreiender Ausbruch, wie ich, meinen Ärger bald vergessend, beglückt empfand. Der Ministerialbeamte sammelte seine Notizblätter ein und entfernte sich grußlos, wie er gekommen war.

Niort

Die lange Reise von Erolzheim nach Niort konnte ich in Paris unterbrechen. Mein Freund Pierre Chevallier war zwar zu seinem und meinem Leidwesen nicht in der Stadt, sondern irgendwo in der Pfalz, um dort seinen Militärdienst abzuleisten, hatte mich aber zu diesem Zwischenhalt bei seiner Familie ermuntert. Ich kam der Aufforderung um so lieber nach, als mir die Begegnung mit seinen Eltern auf dem Mont-Saint-Michel in bester Erinnerung und das Ziel meiner Reise für mich nach wie vor völlig konturlos war. Ich hoffte, von seinen Angehörigen oder deren Freunden einige Aufschlüsse zu erhalten. Aber auch gebildete Franzosen wußten nur, daß die wichtigste, wenn nicht gar die einzige Sehenswürdigkeit Niorts das von den Engländern im Mittelalter erbaute Donjon war, eine Zwingburg, in der nun seit Jahren ein volks- und landeskundliches Museum eingerichtet worden war. Um so besser für mich, befand ich, daß es sich dabei um eine vor mehr als einem halben Jahrtausend entstandene englische Hinterlassenschaft und keine aus der jüngsten Geschichte, zum Beispiel einen Bunker aus der deutschen Besatzungszeit, handelte. Pierres Mutter fütterte mich und ließ es an guten und praktischen Ratschlägen für mein künftiges Leben in der Provinz und an einer französischen Schule nicht fehlen. Der Vater zitierte auf deutsch aus einem an Diotima gerichteten Gedicht Verse Hölderlins, um mich als einem schwäbischen Landsmann des Verfassers seiner besonderen Aufmerksamkeit zu versichern:

> Schönes Leben: du lebst, wie die zarten Blüten im
> Winter,
> In der gealterten Welt blühst du verschlossen, allein.

Das Lycée Fontanes in Niort, in dem ich gegen Abend mit Koffer, Fahrrad und Gitarre eintraf, war ein kasernenartiger, grauer rechtwinkliger Bau, der ausschließlich durch die Pforte zu betreten war, über deren Aus und Ein ein Conciergenehepaar wachte. Ich brauchte ihm nicht lange Rede und Antwort zu stehen. Sobald ich erklärt hatte, ich sei der deutsche Assistent, wurde ich sofort an Roger Boineau weiterverwiesen. Er sei vom Schulleiter, von «Monsieur le Proviseur», beauftragt worden, sich meiner anzunehmen, sobald ich eingetroffen sei. Mir fiel ein Stein vom Herzen, da meine Kafka-Lektüre in Tübingen noch nicht allzu lange zurücklag. Da waren Türhüter vornehmlich dazu da, um jedem Ankömmling zunächst einmal den Eintritt in das von ihnen bewachte Gebäude zu verwehren. Um so erfreulicher war es daher, feststellen zu dürfen, daß ich erwartet, mein Erscheinen in dem schmucklosen Lycée vorgesehen und, wie ich schon bald erfuhr, sogar ein Zimmer ausschließlich für mich reserviert war. Auch um mein leibliches Wohl brauchte ich mich, wie mir mitgeteilt wurde, in dem Lycée fortan nicht zu sorgen. In einem kleinen Speisesaal konnte ich ab sofort und während meines gesamten Aufenthalts gemeinsam mit den «maîtres d'internat» beziehungsweise «pions» die Mahlzeiten einnehmen. Es handelte sich um mehr oder weniger mit mir gleichaltrige und in der Regel – wie übrigens bald auch ich – an der etwa 80 km entfernten Universität Poitiers immatrikulierte Studenten, die nur an dem schulfreien Donnerstag dort anwesend sein konnten. Sie hatten die im Internat des Lycée untergebrachten Schüler aus dem Umland in den Studier-, Speise- und Schlafsälen zu betreuen und zu überwachen. Keine leichte Aufgabe, von der jedoch ich, wie auch der etwas schlaksige und hochgeschossene englische Assistent, Roger Mercer, verschont war, ein Privileg, um das uns die ansonsten in der Schulhierarchie gleichgestellten «maîtres d'internat» nicht zu Unrecht beneideten. Immerhin genossen wir alle gemeinsam das mich beim Gedanken an den von der Katholischen Studentengemeinde in der Münzgasse eingerichteten «Frommen Löffel» und andere Futtertröge in Tübingen geradezu unwahrscheinlich dünkende Vorrecht, wie junge Herren von einem zwar zumeist leicht angeheiterten, dafür aber auch zuverlässig gutgelaunten, älteren dienenden Geist unser Essen aufgetragen zu bekommen. Die Tischgenossen nannten ihn «docteur», da ihm unser leibliches Wohl anvertraut war, was er sich nicht ungern gefallen ließ. Mit bewundernswerter Langmut quittierte er Beschimpfungen, wenn er Speisen servierte, die nicht nach dem Geschmack seiner Kostgänger waren. Er wies die Vorwürfe erheitert zurück, indem er lächelnd auf Mercer und mich zeigte, die wir uns alles in gleicher Weise und wie im Schlaraffenland munden ließen. Bei Barbaren, denen feinere Lebensart nicht vertraut sei, überrasche das nicht, bekam er und kriegten Mercer und ich zu hören.

Die «pions» waren in mehreren, längs eines Gangs im zweiten Stock des Gebäudes aneinandergereihten Einzelzimmern untergebracht. An den beiden Kopfenden des Korridors waren die besonders großen Räume, in denen Mercer und ich unsere Unterkunft hatten. Die Ausstattung an Möbeln war überall von geradezu spartanischer Anspruchslosigkeit: ein gußeisernes Bettgestell, ein schmuckloser Schrank, ein Stuhl und ein Tisch, die karger kaum hätten sein können. Ich stieß mich wenig daran, schließlich war ich nicht in großbürgerlichem Komfort aufgewachsen und hätte mich kleinbürgerlicher Schnickschnack ohnehin nur geärgert. Was sollten mir Bilder mit schlecht gemalten Sonnen- oder Mondaufgängen, da ich hinter der auf einer nicht allzu fernen Anhöhe stehenden und von meinem Fenster eingerahmten riesigen Zeder derartige Naturschauspiele fast täglich und jedesmal neu und anders beobachten konnte? Wozu brauchte ich spießige Wohnlichkeit, jetzt, wo ich endlich Zeit und Muße hatte, Bücher zu lesen, die mir die ganze Welt in meine vier Wände bringen konnten?

Die für mich überraschend gut ausgestattete Stadtbücherei, die «Bibliothèque municipale» oder «Bibal», verschaffte mir leichten Zugang zur französischen Literatur. Meine Unterrichtstätigkeit am Lycée war ohne zeitraubende Vorbereitung zu bewältigen. Sie bestand lediglich darin, während einiger von den regulären beiden Deutschlehrern gehaltenen Stunden die im Lehrbuch abgedruckten Texte vorzulesen und anschließend, wenn sich die Schüler selbst daran versuchten, ihre Aussprache zu korrigieren. Der Besuch des von mir einer besonders lernwilligen und motivierten kleinen Gruppe erteilten Konversationskurses war niemandem verbindlich vorgeschrieben. Ich hatte noch nie in meinem Leben so viel freie Zeit. Ich benutzte sie nicht zuletzt dazu, um in der Stadtbücherei das dort vorhandene Material für mein vor meiner Abreise mit meinem Tübinger Lehrer Kurt Wais vereinbarte Dissertationsvorhaben «Die deutsche Literatur im Spiegel französischer Zeitschriften von 1900 bis 1914» zu sichten. Es wurde mir vor allem von einer jungen Bibliothekarin aus dem Magazin herangeschafft. Dort vergilbten und vermoderten die in dicke Bände gebundenen

Hefte nun schon seit einem halben Jahrhundert völlig ungestört, so daß sie nach ihrer Auferstehung aus ihren dumpfen Verliesen zunächst einmal mit einem Staubbesen gereinigt werden mußten.

Bei einer Feierstunde, deren eigentlicher Anlaß mir nicht mehr erinnerlich ist, nahm die Direktorin den Anlaß wahr, um irgendein der Bücherei von den deutschen Besatzern angetanes Unrecht zu erwähnen, wobei sie strafend in meine Richtung blickte, als habe es sich bei den Übeltätern zumindest um nahe Verwandte von mir gehandelt. Ihre Mitarbeiterin litt mehr als ich ob der an meine Adresse gerichteten Anklage. Im Gegensatz zu ihr verlor ich keinesfalls meine Contenance, war ich doch, als ich meine Stelle in Niort antrat, durchaus darauf gefaßt, als Deutscher, wenn nicht gerade angepöbelt, so doch gelegentlich unfreundlich behandelt zu werden. Es konnte aber, abgesehen von diesem einzigen Fall, kaum die Rede davon sein. Sogar der grauhaarige alte Mann, der, wie ich von anderen hörte, als Kommunist zur Zwangsarbeit in ein Konzentrationslager nach Deutschland deportiert worden war, in regelmäßigem Wechsel mein Zimmer saubermachte und seit dem 1. November täglich Holz und Kohlen für den Ofen brachte, tat dies ohne irgendwelche mürrische Unfreundlichkeit. Er ersparte es mir auch, von dem während des Kriegs Erlebten zu erzählen. Eine gewisse Verlegenheit stellte sich bei dem Gedanken daran bei mir jedoch jedesmal ein, wenn er ins Zimmer trat. Zu der Tatsache, daß ich Deutscher war, kam schließlich auch noch die andere, daß mir als blutjungem Mann von einem älteren Menschen das Zimmer gereinigt wurde. Meine französischen Nachbarn, denen ich mein Unbehagen nicht verschwieg, sahen das anders. Reinemacher sei zwar kein gut bezahlter, vielleicht auch kein besonders angesehener, aber immerhin ein gewerkschaftlich abgesicherter Arbeitsplatz, der keine unzumutbaren Anstrengungen verlange. Abgesehen von meiner Malaise als Deutscher gegenüber einem politisch Verfolgten, seien Skrupel ihm gegenüber daher fehl am Platz. Mercer und ich, das stimme freilich, hätten ein Leben, das schöner und bequemer nicht sein könne, da wir uns nicht wie die Lehrer an den Abenden mit Korrekturen und nicht wie sie selber sich mit aufsässigen Schülern herumzuschlagen brauchten.

Der Schulleiter, Emile Vacher, dem ich mich schon bald nach meiner Ankunft vorstellte, bekundete zunächst einmal seine Freude, daß mit mir nun nach einem englischen Schulassistenten auch ein deutscher gekommen sei. Im Gegensatz zu dem Basler Germanisten enthielt er sich jeder moralisierenden Belehrung, obwohl die Schule während des Kriegs, wie ich inzwischen in Erfahrung gebracht hatte, von der Wehrmacht besetzt worden war. Er bedauerte in aller Offenheit, daß von den beiden Deutschlehrern keiner besonderen Elan habe, der eine, da er kurz vor der Pensionierung stehe, und der andere, weil er chronisch kränkle, so daß er mir nahelegte, mich bei auftauchenden Problemen nicht so sehr an sie, sondern an Roger Boineau zu wenden, dessen Rat ich jederzeit in Anspruch nehmen könne, sei er doch ein Germanist, der ihm bereits seine Freude bekundet habe, daß er in mir nun einen Ansprechpartner für Probleme seines Studienfachs gefunden habe.

Boineau hatte bereits ein Jahr als Assistent in einem Wiener Gymnasium verbracht. Er war nun mit einer Abschlußarbeit über Heines 1833 als Buch erschienene, für die Augsburger «Allgemeine Zeitung» verfaßte Artikelsammlung «Französische Zustände» beschäftigt, ein

Thema, das sich mit meinem Dissertationsvorhaben in mancher Hinsicht berührte. Roger war stets auffällig korrekt gekleidet. An den oft endlosen und aufgeregten Diskussionen im kleinen Speisesaal, bei denen die politischen Gegensätze in der Gruppe aufeinanderprallten und häufig dann in seinem Zimmer bei einer von ihm angebotenen Tasse Pulverkaffee fortgesetzt wurden, beteiligte er sich ironisch und sachlich, verspottete Kontrahenten, die sich wütend ineinander festgebissen hatten, oder gebot Halt, wenn eine mitunter ins Unflätige entartende Zotenreißerei kein Ende nehmen wollte. Mir konnte sie jedoch nur recht sein. Erst in Niort habe ich französischen Argot richtig kennen- und ihn verwenden gelernt. Unzensierte Ausdrucksweise, so wurden Mercer und ich von den «pions» unterrichtet, sei hierzulande nicht nur gestattet, sondern geradezu gefordert. Nicht umsonst habe in der bei Niort liegenden ehemaligen Benediktinerabtei Maillezais Rabelais als Mönch für einige Zeit Unterschlupf gefunden, nachdem er sich bei den Franziskanern im nahen Fontenay-le-Comte unbeliebt gemacht habe. Ihm sei man es gewissermaßen schuldig, daß man der ein Jahrhundert nach seinem Tod von der Französischen Akademie wie ein Garten von Le Nôtre zurechtgestutzten französischen Sprache wieder zu ihrer Ausdrucksvielfalt verhelfe.

Der arglose Roger Mercer tat sich schwer damit, sich ständig zwischen verschiedenen sprachlichen Ebenen bewegen zu müssen. Kurioserweise hatte er als Engländer Mühe, die ihm gleichgestellten Gesprächspartner, wie das unter uns üblich war, konsequent zu duzen. Völlig unvermittelt verfiel er daher mitunter in die Höflichkeitsform, wie damals in unserem kleinen Speisesaal, als Biton, einer der Tischnachbarn, zwar unbedacht, aber sichtlich ohne böse Absicht ein Glas Rotwein über seinen Anzug schüttete, wofür er sich auch gleich entschuldigte. Da es sich dabei um das Glanzstück der Garderobe des Geschädigten handelte, verlor der ansonsten so Gelassene völlig die Kontrolle, schnellte hoch und schrie den wesentlich kleineren und völlig verdatterten Biton wütend an: «Vous êtes un con, oui, vous êtes un con!» («Sie sind ein *con*, ich wiederhole es, Sie sind ein *con!*») Als wir gemeinsam die Treppen zu unseren Zimmern hinaufstiegen und übereingekommen waren, daß, wie ja auch alle bei der Szene Anwesenden gemeint hätten, in der Reinigung der Schaden sich wohl tilgen lasse, meinte Roger, inzwischen wieder beruhigt und entspannt, er freue sich trotzdem, daß er dem Verursacher wenigstens klipp und klar die Meinung gesagt habe. Soviel er bei den Diskussionen gemerkt habe, müsse «con» so etwas wie Vollidiot bedeuten – ob das auch stimme, denn er habe im Wörterbuch einmal vergeblich nachgeschlagen, um Näheres über das oft gehörte Wort zu erfahren. Das wundere mich nicht, da der Ausdruck, wie auch viele andere Schimpfwörter, dem in Schulbüchern unterschlagenen genitalen Bereich zuzuordnen sei, erklärte ich ihm. Gewundert hätte mich vielmehr, spottete ich, und die anwesenden «pions» hätten sich unverkennbar amüsiert, daß gerade er, ein junger Mann, dem man doch ansonsten in allem, was er tue und sage, die gute Kinderstube anmerke, plötzlich und zu aller Erstaunen so deutlich und unverblümt geworden sei. Königin Viktoria, wäre sie noch am Leben oder gar anwesend gewesen, hätte sich wahrscheinlich geschämt, einen ihrer Untertanen so daherreden zu hören. Roger war fassungslos. Seine mitunter an Kindlichkeit grenzende lautere Einstellung gegenüber seiner Umgebung zeigte sich nach dieser Offenbarung aufs schönste, als er mich sichtlich beunruhigt fragte, ob er sich vielleicht bei dem von ihm dadurch wohl unbeabsichtigt zutiefst gekränkten Biton entschuldigen müsse. Ich riet ihm davon ab: Wer sich wie alle unserer Tischgenossen etwas darauf zugute tue, in der näheren Umgebung von Rabelais' ehemaligen Aufenthaltsorten zu leben, der werde, darauf könne er sich verlassen, keine Mühe damit haben, seine Reaktion auf den ihm zugefügten Tort einzustecken und hinzunehmen.

Die «pions», in deren Gemeinschaft wir lebten, waren ihrerseits oft von den ihrer Aufsicht anvertrauten Schülern sowie von den Prüfungsvorbereitungen im Zusammenhang mit dem von ihnen angestrebten Diplom gestreßt und übermüdet. Die im Lycée herrschende rigorose Disziplin entsprach durchaus dem militärischen Zuschnitt und Aussehen des Gebäudes, das fast ausschließlich von Wesen männlichen Geschlechts bewohnt wurde. Ein von einem Oberaufseher, einem «surveillant général», assistierter «censeur» wachte wie ein Luchs darüber, daß die Schulordnung respektiert wurde. Falls Verstöße dagegen gemeldet oder ruchbar wurden, mußten die «pions» ihren Vorgesetzten Rede und Antwort stehen. Mercer und ich waren im Vergleich zu ihnen verwöhnte Sonntagskinder, wurde uns doch genauso pünktlich wie ihnen von dem für die Verwaltung zuständigen «intendant», neben «proviseur» und «censeur» der dritte im Triumvirat der Schulleitung, zum Monatsersten unser Gehalt ausbezahlt.

Besonders gesprächsbereit fand ich unter den «pions» stets den temperamentvollen, zeichnerisch begabten, pantomimisch agilen und streitbare Auseinandersetzungen bis zur Paradoxie auskostenden Labroche sowie den mathematisch begabten, aber auch enzyklopädisch informierten Serge Parpay, der es sich wie meine naturwissenschaftlich ausgerichteten Freunde in Ehingen und Tübingen angelegen sein ließ, mich mit Hilfe sarkastischer Kommentare wieder auf den Boden der Tatsachen zurückzuholen, sobald ich mich bei meinen Argumentationen in wolkiger Unbestimmtheit verlor.

Die Sehenswürdigkeiten Niorts waren schnell abgeklappert. Die wenigen Straßen und Plätze, die zum Flanieren einluden, wie auch der überdachte Markt hatten nichts Sensationelles. Die Pâtisserie in der kleinen Geschäftspassage suchten wir gelegentlich nicht nur wegen des Gebäcks, sondern auch wegen der schwarzhaarigen und vollbusigen Tochter des Besitzers und der sie bei ihren Aufgaben ablösenden blonden und schlanken Bedienung auf. Es handelte sich um einen Kontrast, über den dann nicht nur auf dem Rückweg zum Lycée, sondern auch oft noch am Mittags- oder Abendtisch von uns allen endlos mit Kennermienen diskutiert wurde.

Mehr als einmal fuhr ich, wenn mich die Enge der Stadt oder die gelegentliche Monotonie der von meinen Gesprächspartnern ständig hin und hergeschobenen Argumente anödeten, mit dem Fahrrad in die nähere Umgebung, folgte dem Flußlauf der Sèvre oder drang bis zu dem bereits seit Jahrhunderten entwässerten und an Bilder aus dem Spreewald erinnernden «Marais poitevin» vor. Besonders jetzt im vorrückenden Herbst verbreitete das dort herrschende Licht eine wohltuende Ruhe. Sie gab mir die nötige Muße, um mit mir selbst ins reine zu kommen, während ich den auf dem Wasser kaum merklich hintreibenden welken Blättern nachsah.

Soweit ich ermittelt hatte, war neben dem einer polnischen Einwandererfamilie entstammenden sensiblen und zurückhaltenden Chomyk mein vitaler und lauter Zimmernachbar Fournier der einzige «pion», der regelmäßig am Sonntag einen katholischen Gottesdienst besuchte, aus dienstlichen Gründen, wie mir der Kirchgänger halb entschuldigend erklärte. Das Lycée Fontanes war wie alle staatlichen Schulen Frankreichs seit der nach der Jahrhundertwende erfolgten Trennung von Kirche und Staat konsequent laizistisch ausgerichtet. Die im Internat wohnenden Schüler wurden jedoch an Sonntagen, falls ihre Eltern dies ausdrücklich wünschten, von einem «pion» in die größte Kirche Niorts, die Église Notre-Dame, begleitet, um dort an der Meßfeier teilzunehmen. Gleichzeitig, erklärte mir Fournier mit breitem Grinsen, fänden sich dort auch unter Aufsicht einer «pionne» die Mädchen des «Lycée des jeunes filles» ein, von denen einige durchaus geeignet seien, um über eine langweilige Predigt hinwegzuhelfen.

Ich schloß mich Fournier mit seiner Gruppe an. Ein einziges und letztes Mal. Fern vom verträumten heimatlichen und weltanschaulichen Lebenshorizont ging mir endgültig und klarer als je zuvor auf, daß die seit meiner Kindheit bestehende Bindung an wesentliche Glaubensinhalte der Kirche nicht mehr bestand, Gebete zu leeren Formeln geworden waren und die so lange als real empfundenen Mächte und Kräfte eines neben dem Diesseits als endgültige Wirklichkeit bestehenden Jenseits sich in nichts aufgelöst und verflüchtigt hatten. Ein durch den Tod meines Vaters ausgelöster und durch den meiner Mutter beendeter Prozeß war nun, das ging mir in Notre-Dame endgültig auf, unwiderruflich zum Abschluß gekommen.

Es war unausbleiblich, daß die auf der Tagseite des Bewußtseins ausgetragenen weltanschaulichen Auseinandersetzungen auf der Nachtseite des Unbewußten in beklemmenden Träumen ein Nachspiel erhielten. Nach der vor meiner Abreise gemeinsam mit Rudolf Reinboth unternommenen Lektüre ausgewählter Texte von Freud war ich den Träumen jedoch nach dem Erwachen nicht mehr wehrlos ausgeliefert. Nun brachte ich es fertig, jede kopflose Reaktion zu vermeiden. Sonst wäre es mir nicht gelungen, den jahrelang währenden ständigen Wechsel von weltanschaulicher Nesthockerei und -flucht ein für allemal zu unterbrechen und das sich zumeist im Morgengrauen einstellende Alpdrücken als das zu deuten, was es war: das notwendige Ergebnis meiner religiösen Erziehung, nicht eine reale Botschaft meiner wenige Monate zuvor verstorbenen Mutter aus dem Jenseits.

Inzwischen hatte ich in zahlreichen Briefen, die ich mit der nach Abschluß ihres Ferienkurses wieder nach Italien zurückgekehrten Carla von Erolzheim und Niort aus regelmäßig gewechselt hatte, Pläne für eine gemeinsame Zukunft geschmiedet. Es handelte sich dabei um Lebensentwürfe, die nicht mehr viel mit den sich durch Rezitation von Versen und Gedichten poetisch umrankten Frühlings-, Sommer-, Herbst- und Winterwanderungen durch Wald und Flur mit früheren Mädchenbekanntschaften und den dabei skizzierten Lebenslinien zu tun hatten. Auf einmal nahm alles viel konkretere Formen an. Den Heiligen Abend 1952 verbrachte ich daher zum erstenmal in meinem Leben nicht im heimatlichen Erolzheim, sondern im Nachtzug zwischen Bordeaux und Ventimiglia, da mich eine Tante von Carla nach dem nicht weit hinter der Grenze liegenden Alassio eingeladen hatte.

Das nun schon seit Stunden leere Abteil bot zwar keinen großen Komfort, erlaubte es mir aber, die Position meiner Beine und meines Kopfes ungehindert zu ändern, wenn mich vor einem Halt das schrille Kreischen der Bremsen oder die Lautsprecherdurchsagen auf den Bahnsteigen mit den Namen der Orte, Toulouse, Montpellier, Nîmes, Marseille, wieder einmal aus dem Halbschlaf und meinen verworrenen Gedanken rissen. Carlas Tante, ging es mir durch den Kopf, hatte mich wohl nicht nur aus christlicher Nächstenliebe in ihr Hotel eingeladen. Die Reise, auf der ich mich befand, blieb gewiß nicht ohne Konsequenzen für meine und für Carlas Zukunft, die Hauptgegenstand unseres Briefwechsels der vergangenen Monate gewesen war. In den Jahren, die hinter mir lagen, hatte ich Entscheidungen, die mich vor ein Entweder-Oder gestellt hätten, auszuweichen vermocht oder aufzuschieben verstanden und hatte bei meinen Mädchenbekanntschaften am liebsten alles in vager Unverbindlichkeit belassen. Damit hatte es nun aller Wahrscheinlichkeit nach ein Ende.

Es muß gegen Morgen und bereits in der Nähe der italienischen Grenze gewesen sein, als sich diese Überlegungen zu einem Traum verdichteten. An der Seite der in bräutliches Weiß gekleideten und einen nicht enden wollenden makellosen Schleier hinter sich herschleppenden Carla schritt ich in einem geräumigen Kirchenschiff auf einen festlich geschmückten Altar zu, an dessen Stufen ein Geistlicher in feierlichem Ornat auf uns wartete. Eine Orgel spielte in getragenem Ernst «So nimm denn meine Hände und führe mich / Bis an mein selig Ende und ewiglich». Ich war mir im klaren, daß ich mich im Mailänder Dom befand, obwohl ich noch nie einen Fuß in die Stadt gesetzt hatte. Auf einmal wechselten Ton und Tempo der erbaulichen Klänge, und ein keckes «Hänschen klein, geht allein / In die weite Welt hinein» ließ sich vernehmen. Ich schielte nach der Braut, nach einem Fluchtweg, entdeckte einen Seitenausgang, suchte schleunigst das Weite und stürzte ins Freie, wo mich Carla lachend erwartete, in ihren Schleier wickelte und wieder an die Spitze des Hochzeitszugs zurückholte. Niemand hatte etwas gemerkt, auch der Organist war wieder bei der Sache: «Du sollst allein nicht gehen, / Nicht einen Schritt, / Wo du wirst gehn und stehen, / Da nimm mich mit».

An der französisch-italienischen Grenze wurde mir eröffnet, mit meinem von der Préfecture in Niort ausgestellten Ausreisevisum habe es zwar seine Richtigkeit, aber um in Italien einreisen zu können, müsse ich mir auf dem Konsulat in Monte Carlo ein Visum beschaffen, nach den Feiertagen, denn selbstverständlich sei es bis zum 27. Dezember geschlossen. Ich befürchtete bereits, ich müsse vielleicht, um zweimal an einem derart berühmten Ort zu nächtigen, mein gesamtes Bargeld ausgeben, und war schließlich hocherfreut, als ich zu einem auch für mich durchaus erschwinglichen Preis in einer komfortablen Pension Unterkommen und Verpflegung fand. Da aber Alassio und nicht Monte Carlo das Ziel meiner langen Reise war, wurde mir das Fürstentum Monaco und alles, was damit zu tun hatte, verleidet, fürchtete ich doch, neue unvorhergesehene Hindernisse könnten mir den Weg nach Italien versperren. Als ich nach meinem unfreiwilligen Aufenthalt in der berühmten Stadt auf dem Konsulat endlich das Antragsformular für ein Einreisevisum in Händen hielt und mich, sobald ich es ausgefüllt hatte, verlegen an den Beamten wandte, weil ich nicht alle Fragen beantwortet hatte, machte er sich über so viel bürokratische Skrupelhaftigkeit mit jovialem «fa niente» (macht nichts), «non ha importanza» (hat nichts zu sagen), «lasci perdere» (vergessen Sie's) lustig und gab mir, als handle es sich um einen zu treuen Händen anbefohlenen Schützling, seine «auguri» (Wünsche) für die italienischen Tage an der Riviera mit auf den Weg.

Als ich endlich im Zug nach Ventimiglia saß, von wo aus ich nach Alassio weiterreisen wollte, hatte ich zum erstenmal ein aufmerksames Auge für die vor den Fenstern des Zuges vorbeiziehende Architektur und Vegetation, die ich in Monte Carlo kaum wahrgenommen hatte. Ich war in einer neuen Welt angekommen. Sie galt es nun zu erkunden und zu entdecken.

Nachbemerkung

Der Titel des ersten Bands meiner Autobiographie «Vor aller Zeit» ist ein Zitat aus der bei feierlichen katholischen Gottesdiensten gesungenen deutschen Fassung des «Te Deum laudamus» («Großer Gott, wir loben Dich»). Den Titel des hier vorliegenden zweiten Bands verdanke ich hingegen einem Halbvers aus dem Chor der jugendlichen Erwerbslosen in Erich Kästners Satire «Das Riesenspielzeug» (1913). Die anzitierte Strophe lautet: «Ihr habt uns in die Welt gesetzt. / Wer hatte euch dazu ermächtigt? / Wir sind nicht existenzberechtigt / und fragen euch: Und was wird jetzt?»